JN036552

四千頭身 後藤拓実

これこそが後藤

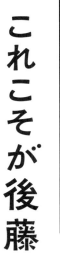

KODANSHA

序　文

　初めまして。『これこそが後藤』を書きました。伊藤です。
伊藤かい！

　本当は佐藤です。佐藤かい！！！

　冗談たくさんすみません。お待たせしました田中です。
いや田中なんかい！！！　藤でもないんかい！！！！

　長くなりました。

　四千頭身の後藤です。毎月「小説現代」様で連載させて
いただきましてそのエッセイ集となっております。

　後藤の過ごし方や思い出を綴っていますが、参考にはな
らないと思います。参考書だと思って購入された方には深
くお詫び申し上げます。

　ええこの度、参考書だと思って購入いただいた皆様、本当
に、ありがとうございます！　いや謝らないんかい！！！！
お礼を言うんかい！！！　ありがたいけど！！！！

　参考書だと思って買った方いないと思いますのでボケて
みました。本当にいたらすみません。

　いまこちらの本を読んでくださっている読者の皆様。少し先行きが不安になっていますよね。

　序文というものはどれだけ読者様を引き込めるかが大事だと思うのですが、正直まだ引き込めてないと思っております。

　もう本を閉じてしまった方もいるかも分かりませんが、僕の序文のコンセプトは「どれだけハードルを下げるか」となっております。

　最初のボケで本を閉じてしまった方、お気持ちは分かります。

　もう古本屋さんに向かうカバンの中にいる可能性もゼロではありません。そうなっていたらもう手遅れですが、この約５５０文字目まで根気よく到達した皆様はどうかこのまま序文を読み切ることをお勧めします。

　この場所を借りてまたぐだけで越えれるハードルを置いているだけなのです。ジャンプする必要もありません。

　面白いんでぜひ読んでください！！

　そんなこと既に買っていただいて読んでいただいている人に言う必要ないですもんね。面白いと思ったから買って

くれたんですもんね。

　本当にこの本を買っていただいた皆様。ごめんなさい！

　いやここでお礼だろ！！！　謝るならさっき謝れよ！！！　なんでいま謝るんだよ！！！

　お礼を言います。

　本当にアリが１０匹で、昆虫の群れでございます。

　いやありがとうだろ！！！　たしかに昆虫の群れだけど！！！　なんでいま昆虫の群れって言うんだよ。

　ありがとうございます！

　急に言うんかい！　ありがとうございますの準備してなかったわ！！

　はい、という最悪なスタートをきれたところでお楽しみください。

『これこそが伊藤』です！！

　いや『これこそが後藤』だわ！！

　どうぞ。

目 次

装画・本文イラスト	朝野ペコ
装幀・本文デザイン	bookwall
photo	佐野円香

これこそが

日常と

移動中後藤

初めまして移動中の後藤です。

　大体こういうエッセイを書くときは移動中です。移動中じゃなければそういう書き出しにしますね。そんなことなかなかないと思いますが。

　僕後藤拓実はですね、四千頭身というトリオの真ん中を担当しております。

　サッカーで言うミッドフィルダーの位置ですね。野球で言うピッチャーの位置ですね。バスケットボールででも言いたいところなんですがバスケットボールのポジションを僕は知りません。知ってる人は真ん中のポジションを想像してください。

　漫才中の僕はそこにいます。トリオ漫才というものに挑戦しています。

　そんな僕がエッセイを書かせてもらうことになりました。

　どうかよろしくお願いします。

　さて、移動中ということで僕は今名古屋に向かっていま

す。新幹線です。

　僕はですね、どれだけ眠くても移動中眠れないタイプなんです。

　このタイプはなにタイプに効果バツグンなんでしょうか。

　ごめんなさいポケモンの話です。ピンとこない人は遅れてます。ついてくるように。

　今回の移動は品川（しながわ）→名古屋なので約1時間半ですね。

　どこまで進んでいるのか実況しながら書きますね。今ちなみにトンネルです。Bluetoothイヤホンから聞こえる音楽がヂ、ヂヂ、ヂ。と鳴っています。

　Bluetoothイヤホンがピンとこない人は遅れています。ついてくるように。

　移動中Bluetoothイヤホンは常に付けています。音楽が流れなくても。

　なにそれおかしいよって言われるかもしれません。でも音楽を流すこともできないピアスを付けてる人がこの世に何人いるのって話ですよ。それと同じですよ。アクセサリー感覚です。顔面のパーツのなにか足りない感を補っているのです。それがBluetoothイヤホンでしょ。

　あ、ここでトンネル出ました。音楽の調子いいです。

　外に見えるのは「選ぶなら、肌ケアのポイズ」です。ローカルなことが伝わればと思います。

　移動中ってホント眠れない。

　そこで眠れない理由を僕は考えたんですよ。

　1つありました。

　僕ね、座席倒すことができないんですよ。倒せるだけの腕力はあると思うんですけどそういう理由じゃなくて後ろの人にイス倒していいですか？　って聞けないんですよ。人見知りで。

　なのでいつも90度のイスに座ってます。よって寝れないとみてます。

　ちょっと待てよ、せっかくなんでここでデビューしてみるかな。イス倒していいですかって。

　めちゃめちゃ怖い人だったらどうしよう。でもせっかくの機会だし。

　よし。お、優しそうな人だ。でもめちゃめちゃ寝てる。

　畜生。起こそうかな。

　やめとこう。

　寝てるんだったら倒しちゃえばいいじゃん。そう思ってる人も多いと思います。

　その人がもし起きて、「すみません。僕が寝る前より椅子が僕に近づいています。直してください」って言われる可能性があるので僕はできません。90度のまま進みます。

　あとあれだ。車内販売を止めることもできません。静かな車内で声を出すことが恥ずかしいんでしょうね。死ぬほど食べたいものがあっても絶対止めれない。

　ごめんなさい。車内販売に死ぬほど食べたいもの売ってないですよね。

　ほんとごめんなさい。間違えました。

　車内を見回すとやっぱり寝てる人多いですね。

　いいなぁ移動中寝れる人。羨ましい。どんな夢を見てるんだろうと思います。移動中に夢を見れるってほんと夢みたいですよね。

　隣の人も寝てます。僕は窓側で、その寝てる知らない青年は通路側。

　トイレ行きたくなったらおしまいですね。水飲むのやめとかないと。

　なんでこっちが気遣わないといけないんだ。そう思ってる移動中です。

　今どこだろう。
　あ、外に浜松って書いてあるビルがありました。てことは浜松あたりですかね。もうすぐ着きますね。着いたらイス倒していいですかって言いますね。
　はい着きました。
　はいそうです。サボってました。着いたら言いますね。と書いてから動画を見ていました。
　そんな移動中後藤でした。
　これからもいろんな後藤をお届けできればと思います。

バズり後藤

どうも後藤です。

　　皆さんはバズるという言葉を知っていますでしょうか。

　僕は知ってます。ＳＮＳなどで発信したものが拡散され多くの人に見てもらえる。これがバズるです。バブリー時代が終わりようやくバズリー時代がやってきたのです。

　なんでそんなこと急に、どうしちまったんだよ後藤。そう思ってますよね。

　なぜ急にこんなこと言い始めたのかというとですね、この度後藤、バズりました。

　ありがとうございます。面白い画像や、動画などが載るとバズりやすいというのもあるのですが僕は文字のみでのバズりでした。

　どんな呟きか気になりますよね。

　大丈夫です、教えてあげます。こちらが後藤のバズり呟きです。どうぞ。

> いまタクシーの運転手さんが
>
> 「ごめんなさい高速の道間違えました。よかったらのど飴どうぞ。」
>
> まじでのど飴あってよかったな。
> のど飴なかったら危なかったぞ。

   💬   🔁   ♡   ⤓

　この呟きがですね、29,745人の方に拡散されて12,192,244人の目に止まったのです。そして239,074人の方がいいねって思ってくれたんです。すごい数字なんですこれは。
　でも多くの方がこう思ってると思います。
　この時期の寒暖差どうにかならないかなぁと。
　ごめんなさい関係なかったです。

　仕切り直して、多くの方がこう思ってると思います。
　なぜこんな呟きがそんなに拡散されるんだ？
　ですよね、それを強く思ってるのが私後藤です。どんどん拡散されるその呟きを見ながらなぜ？　なぜこんなにバズるのん？　そう思ってました。

　そこで考えたんです。その呟きがバズっている理由を。そして導き出しました。なぜバズったのか。

　まずこの呟き、なんといっても平和なんです。誰も傷つけてないというやつです。この呟きに「いや、のど飴すご。」「のど飴なかったらどうなってたの？」「昨日夢に後藤さん出てきました！」などいろんなコメントいただきました。興味を示す人がたくさん現れたんです。

　状況を想像しやすいんです。誰しもが一度は乗ったことあるタクシーで、たまにある道間違い。これが共感を与えてバズったのではないかとも思ってます。

　この呟きでフォロワーの方々も５万人ほど増えました。後藤の文字に興味を持ってくれたのです。

　平和、そして共感。この２つが僕の呟きをバズらせてくれたんではないかと思っています。その後の呟きも20万近くのいいねを記録しまして、バズり後藤というワードが生まれました。まぁ勝手に言ってるだけなのですが。

　しかししっかりバズったのはその２つの呟きだけで、最近バズり後藤できていないんです。

　いろいろ試しました。テレビなどの告知の文を面白文章

で流してみたり、いまＳＮＳで流行っている横読みだと普通の文なのに縦読みすると恋人の名前がでてくる、みたいな最近いう匂わせとやらも試しました。

　こういう時にたまにハッシュタグをつけてみたりするんです。ハッシュタグがバズってトレンド入りする可能性もあるので。その時つけたハッシュタグは「＃匂わせテンプレート」でした。これは死ぬほどコケました。消したいけれども消したら消したでダサいみたいな必要のないプライドが邪魔をしています。

　今人気のギャルタレントの写真を載せてみたりしました。

　それもバズったんです。だがしかしそれはギャルタレントのおかげなので、バズり後藤ではありません。バズりギャルタレントです。

　つまり僕が言いたいことは平和や共感の呟きがバズるとかそういうんじゃないんです。

　ごめんなさい長くなって。ギャルの需要まだあるよって事です。いつになっても求められる。曾根だってずっとギャルなわけですし。

　ギャルのような需要だらけのジャンルに僕はなりたい。

　ギャルはずっとバズってる。

早 起 き 後 藤

ど うも後藤です。僕こそが後藤です。

最近僕がハマっていることを紹介してもいいで
すか。

　もしこれを読んでくださっている人の中で一人でもいま
首を横に振ったなら僕は書くのをやめます。しかし僕には
それを確認することが出来ないので書き続けます。首を振
った方はぜひ無理して読んでみてください。どうせ面白い
ので。

　今僕はなぜかあげてしまったハードルに震えながらゴー
ルを目指しています。

　ハマっていること、それは早起きです。今日これを書い
ている日は、なんとAM5時に起きました。最近5時に起
きます。最初はただただ目覚めてしまったことから始まっ
たのですが、早起きした日がまぁ良くて。すっごく一日が
充実したような気がしたんです。

　だってよく考えてください。9時に起きた日より4時間
多いんですよ一日が。基本的にいつもは26時くらいに寝

て9時くらいに起きるみたいな日が続いていましたが、4時間多くなったんです、僕の一日は。

　すごいんだからこれが。

　5時に起きますよね。まずは白湯を飲むんです。ガブガブと。

　そして朝ごはんを優雅に食べるんです。前日の夜に買っておくんですわ。朝ごはんのお供はチェコを散歩してる動画です。まるで自分がチェコを散歩した気分になれるんですわ。

　そしてお風呂に入ったり洗濯したりして仕事に行くまでにいろんなことができるんですわ。

　仕事から帰ってきて20時くらいですよね、お風呂に入りますよね。そしてご飯食べたりして疲れて22時くらいまでには寝るんですわ。

　そして次の日も5時に起きると。

　すごくないですか？　皆さんも早起きしようって思いましたよね。4時間も増えるんだから。

　早起きを始める前は26時くらいまでYouTubeでラップの動画を見ながらお酒を飲むということにハマっていまし

た。この時間があるから頑張れるというくらい好きでした。最近は22時に寝てしまうのでその時間はありませんが、それでも大丈夫なくらい早起きが好きです。朝ごはんを楽しみに寝るんです。

　一日が4時間も増えたのに増えた気がしないんですよ。なぜか。

　早起きをするとそれくらいあっという間に感じるということなんですかね。なんなんでしょうこの感覚は。

　もちろんいまもたまに早起きしない日もあります。26時に寝て9時に起きる。このタイムスケジュールの日と一切変わってる気がしないのです。

　不思議です人間のカラダは。4時間も増えてるっていうのに。まったくもう。

　早起きして白湯を飲んだ後必ずやることもあります。

　それは卵を茹でることです。

　早起きしなかったら卵を茹でません。卵を茹でたものを食べたいので早起きしてると言っても過言ではないほど、卵を茹でたものが大好きです。

　毎日作っているので作り方もうまくなってきました。お

弁当とかも作っちゃったりしてお弁当にも卵を茹でたもの
を入れたりもしてます。ちなみにですが「茹で卵」という
単語は知っています。あえて使いません。

　早起きしてお弁当作って次の日に備えて早めに寝る。

　僕多分いい奥さんになります。

　あげにあげまくったハードル。

　くぐってみせました。

草 野 球 後 藤

僕は中学時代3年間野球部に所属していました。その頃の野球部の子達とは今でも仲良くしていて、たまに会ってご飯を食べたりしています。

この間、その元野球部のお友達が入っている草野球チームに呼んでもらって野球をしにいきました。

後藤の知ってる人しかいないからと言われて、みんなと楽しく野球ができると思いワクワクしながらいきました。9時集合なのに8時に着きました。それくらいワクワクしていました。

9時にみんなきました。

半分知らない人でした。ピッチャーの子とセカンドの子とセンターの子が知り合いでした。ということは半分以上知らない人でした。

僕は人見知りなので一気に緊張してしまいましたが、友達の友達ということもあり、わりとすぐにチームメイトとは仲良くなれました。

僕はファーストを守ることになりました。

　みんなで相手チームを待っていると、若いゴリゴリの体育会系の10人組がゆーっくり歩いてきました。その10人組が僕らのいるグラウンドに向かって帽子をとって、お願いしますと叫びました。

　どうやら対戦相手のようです。

　ピースというチーム名らしいのですが絶対にあの10人はピースしたことありません。それくらいゴリゴリです。ウォーミングアップから違うんです。声すごくだしてて、圧がすごいんです。

　想像してた草野球とはもうぜんぜん違います。のほほんとのんびり野球しにきたのに相手はゴリゴリ、なのにナヨナヨチームに全力で挑みにきてるんです。趣味でやってない感じです。

　試合が始まりました。

　僕は2番バッターだったのですぐに打席が回ってきました。こんなガチガチで打席に入ることになるとは思わなかったです。ピッチャーも球が速いし。変化球すごい曲がるし。ピアスつけてるし。

　なんでピアスつけてんだよ。ピッチャーあんまりピアス

つけないだろ。

　そんなことブツブツ呟きながらバットを振ると三塁線に
ものすごい打球がいきました。

　ラッキー！　と思いファーストに向かって走り出すと、
ものすごい逆シングルでサードにボールを捕られてものす
ごい送球でアウトになりました。

　ぜんぜん楽しくない。みんなが気持ちよく打ててみんな
が気持ちよく守れる野球をしにきたのに。

　ガチガチの試合の緊張感で進んでく野球。部活を思い出
しました。

　泣きそうになりながらファーストを守っていると、フラ
イが飛んできました。

　普通に落としました。

　誰も笑いません。こういうの笑ってくれる野球がしたか
った。曇り空の中、ちょっと眩しくてボール見えないわっ
て言い訳しちゃいました。バレてたんだろうなぁ。

　こっちのチームのピッチャーの子もなかなか速い球投げ
るのにポンポン打たれてイライラしてるし、相手チームの
一塁コーチャーうるさいし。

　なんで草野球にコーチャーつけてんだよ。どういう気持

ちでランナーに指示出してるんだよ。

　そんなことばっかり考えていたらファースト！　という
声が聞こえました。

　ハッとするとものすごいゴロがこっちに向かってきてま
す。適当にグローブを出すとベイスターズのロペスみたい
に上手く捕ることができました。

　なんやかんやで回が終わり、次はチャンスで僕に打席が
回ってきました。

　ツーアウト満塁です。一打で逆転の大チャンスです。

　ものすごい速い球がきました。

　それをフルスイングするとバットに球がかすりそのまま
僕のスネに当たりました。

　自打球です。あまりの痛さに悶絶して倒れ込みました
が、早く立てよ！　とみんなが言うのですぐ立ちました。

　こんなの草野球じゃないよ。笑ってくれよいいから、自
打球なんて一番笑えるやつじゃんか。

　泣きそうになりながら打つと、ボールはサードに転がり
またしてもサードゴロでした。

　打った後ちゃんと走れ！　とかいう声もベンチから聞こ

えてきました。

　ちゃんと走る草野球ってなんだよ。

　中学校からやり直せ、そんなヤジも飛んできました。なんで草野球のこの打席のために中学校からやり直さないといけないんだよ。

　第3打席。

　またしても満塁で回ってきました。

　なんでこんなに満塁で回すんだよ。満塁で回してんじゃねーよと思いながら打席に向かいました。

　ベンチから1人の友達が駆け寄ってきて、小さい声で「後藤。落ち着いていけ。絶対打てる」と言ってきました。「うるせーよ。草野球だぞ」そう言い返してやりたかったですが、「おう、まかせろ」そう答えました。

　満塁のチャンスでまたしてもサードゴロ。ベンチにかえると誰も目を合わしてくれませんでした。なんだよこれ。

　とはいえ結構いい試合をしまして、1点差で負けて試合が終わりました。

　僕の成績は3打数0安打3エラー。

　三振はしなかったんです。それを評価してほしいくらい

球が速かったんです。

　強いチームに１点差だったということで変に自信がつい
たらしく、勝ちに行くチームに変わるらしいです。

　なんだよ、緩やかに楽しもうぜ。

　そう言いたかったですが、そうだね、これから頑張ろう
と言うと、もうお前は呼ばないと言われました。

　僕を入れてくれる草野球チーム、募集してます。

　ゆるい野球がしたいです。

お 風 呂 後 藤

皆さんこんにちは。後藤です。

皆さんはお風呂、入ってますか？

僕は入ってます。

シャワーだけで終わらす人も割と多いですよね。僕もそうでした。今日はシャワーでいっかという日がほぼ毎日でした。

でもみなさん、よく考えてください。シャワーの気持ちを。

めちゃめちゃかわいそうじゃないですか？

自分がシャワーになったとして、今日はシャワーでいっかって言われたらショックじゃないですか？

今日は後藤でいっかと言われたら嫌ですもん。そんなシャワーに対する気持ちが芽生えて、お風呂にも入ろうと思ったんです。

嘘です。

本当は時間があるからです。めちゃめちゃ適当に言いま

した。シャワーの気持ちになんてシャワーヘッド替える時しかなったことありません。

　ごめんなさい。シャワーヘッド替える時もシャワーの気持ち考えません。どうやって外すんだ？　ってしか思いません。時間があるから風呂に入ってます。これだけの理由です。

　そんな入浴に欠かせないものがこれです。

　入浴剤です。

　説明します、入浴剤っていうのはですね。

　ん？　なになに。説明はいらない。みんな知っている。

　あ、そうですか。そしたら文字数ももったいないので説明を省かせていただきます。

　すみませんね、これがYouTubeとかだったら概要欄に説明も貼れるんですけどね。すみません説明は完全に省かせていただきます。文字数も無駄ですので。

　入浴剤を購入したんですよ。お気に入りの香りが４種類ありまして。オリエンタルウッドの香り。センシュアルブルームの香り。ヴィーナスブーケの香り。プレシャスバニラの香り。です。

　全部想像できないですよね。でももう僕は完璧に想像できます。説明はできません。

　中でも一番のお気に入りの香りはオリエンタルウッドの香りです。これだけはなんとか説明してみせます。皆さんが想像できたら僕の勝ちです。

　オリエンタルウッドの香りはですね。とにかくオリエンタルなんです。僕はオリエンタルの意味があんまり分からないのですがとにかくオリエンタルなんです。

　想像できましたね。

　そこでウッド。ウッドを想像してください。木です。天野くんの横にいる人じゃありません。

　想像できましたね。それがオリエンタルウッドの香りです。

　はい、僕の勝ちですね。罰ゲームは「しおりなしで1回この本を閉じる」でどうでしょうか。

　まじでやめてください、それこっち側の罰ゲームでもあるので。

　そんなオリエンタルウッドの湯に浸かるわけですがそれ

だけではございません。アロマキャンドルも焚きます。電気を消し、キャンドルの光で湯に浸かるんです。

　そして音楽ですね。スローリーな音楽を流しながら、火を見つめて時間が過ぎていきます。

　その雰囲気をぶっ壊すのが換気扇です。換気しないとロウソク焚いてるので危ないんです。ぶおぉぉぉぉぉぉ。ってずっと鳴ってます。いつも換気扇とは喧嘩になりますがいつも僕が勝ちます。しおりなしで本閉じさせてます。

　そんなこんなでお風呂時間が終わりますが、このお風呂終わりに決まってやることがあるんです。

　ベランダでアイスです。この時間もたまらなくいい。夜風がだんだん気持ちいい季節なので最高です。ぜったい山Ｐもやってますこのセット。なんてったってめちゃめちゃ気持ちいいですから。

　最近暑くなってきましたよね。

　この文を書きながら汗かいてきましたわ。ジメジメしますね。

　ちょっとお風呂入ってきます。

いや、今日はシャワーでいいや。

車　後藤

今月も小説現代を書く時間がやってきました。
　　今月も達筆で読めないくらいでお送りします。
パソコンですが。

　というよりパソコンってすごくないですか?? せっかく小学生のころ硬筆習字習ってたのに最近全然字書いてないですもん。パソコンで打てば誰しもが読める字になるもんなぁ。感動。

　そんなことはいいんですよ。

　ここからが本題です。

　僕ですね、車を買ったんですよ。

　結構急に買いました。衝動です。衝動大事にしているタイプです。

　車を手に入れてからの僕はものすごい生意気になりましたね。殴りたくなるくらいイキってますよ。

　ドイツ産の車です。ドイツ産の車からサングラスかけて降りてくるんですよ。生意気でしょ。

　セルフでハイオク入れているときの僕の顔ときたらもの

すごいですよ。用もないのに遠くを見つめながら入れてます。入れ終わったときに、あれこんなもんかもっと入るかと思ったな、とか言ってます。マジでうるさいと思ってます。

　音楽は洋楽です。意味も分からず嚙み嚙みで口ずさんでますね。

　そんなイキり後藤ですが、まだ完全にイキりきれてないというか。

　というのもですね、車でテレビ局に入るときにだけすごい緊張しちゃうんです。事前にマネージャーさんに車両申請をしてもらって、テレビ局に入るときは、出演させていただく番組名と名前を警備員さんに伝えるのですが、ものすごい緊張するんですよね。なんだこいつイキりやがってと思われるのが怖くて。

　イキってるんですよ、たしかにイキってるんですけどそう思われたくはないんですよ。車に乗り込んだときはサングラスかけて洋楽流してテレビ局に向かうのですが、テレビ局が近づくにつれて緊張して、徐々に洋楽の音を落として警備員さんの前では完全に洋楽は消えています。

　もちろんサングラスも外しています。そして見たことないくらいいい姿勢でハンドルは10時10分の位置で握り、聞いたことないくらい細い声で後藤です、と伝えております。

　ここでサングラスをかけて洋楽を流したまま後藤ですって伝えれたら気持ちいいんですけどね。どうしてもそれはできません。

　できなくていいのか。警備員さんにはそんな姿見られたくないし知られたくないですもん。

　でも後藤ちょっと待てと。これが書いてある「小説現代」が発売されるわけだぞと。この「小説現代」をその警備員さんが読む可能性もゼロじゃないぞと。局によって違う警備員さんだし、それぞれの局にもたくさんの警備員さんがいるわけで、読む可能性は大いにあるぞと。なんでそんな恥ずかしいことを書いてるんだ後藤。もしこれを読んでくれた警備員さんがいた場合、背筋伸ばして細い声で後藤ですと言った方が笑われるんじゃないかと。そう思っている人多いですよね。

　でもこれは大丈夫なんです。

　なぜかというとですね。警備員さんてガテン系じゃない
ですか。警備というくらいなので頼りがいのあるマッチョ
の強い人がやる仕事じゃないですか。僕が見ている局の警
備員さんもそういう方ばかりです。細い人も脱いだらきっ
とすごいです。

　だから安心してるんです。ガテン系は本読みません。い
まごろ筋トレしてます。なので堂々と書かせていただきま
した。

　僕の知り合いのガテン系に本読む人いません。

　むしろ知り合いにガテン系がそんなにいません。

　ですがもし、もし読んでいるガテン系の方がいらっしゃ
ったら、この話は忘れてください。

お 酒 後 藤

毎日毎日お酒飲んじゃいます。後藤です。
　　寝る前に必ずお酒を飲んでしまいます。
　しまいます、という言い方になるということは、飲まないほうがいいとどこかで思っているんだろうなぁ。

　飲まないほうがいいなぁと思う瞬間は朝にあります。鏡をみると顔が浮腫み上がっているのです。どういう原理なのほんとカラダって。と少しテンションが落ちますがそれくらいですね。

　お酒強いの？　ときかれることってありますよね。そうきかれたら僕は困ってしまいます。勝ったことも負けたこともないので戦績が出てないんです。一回、戦ってみたいですね。
　試しにお酒とのバトルをシミュレーションしておきますか。
　まずは対ビールですかね。

```
後藤の　目の前に　ビールが　あらわれた！
後藤は　ハイキックを　かました！
ビールの　泡が　吹き飛んだ！
ビールは　攻撃して　こない。
後藤は　ローキックを　かました！
ビールは　倒れ　すべて　こぼれた！
```

　バトルは終わりました。

　これってどうですかね。僕勝ったように見えますけど完全に負けてますよね。ビールをぶちまけちゃったんだから。つよいですねぇビール。レモンサワーもハイボールも同じ感じになると思います。

　お酒強いの？　という質問には今後、一回負けたことがある。そう答えようと思います。

　笑いになれ。笑いになれ。

　毎日お酒を飲むと言っても飲まない日もあります。肝臓を休める日ですね。肝臓が一番働いてるんじゃないかなぁ僕の体の中で。と思います。どこなんですかねカラダで一番働いているのって。

――肝臓だと思う人〜。

　フムフム。

――心臓だと思う人〜。

　お、結構挙がりますね。

――利き手だと思う人〜。

　お、これも多い。

　結論が出ました。

　脳ですね。今の質問で脳使ってますもんね。

　でもその間も心臓も肝臓も動いてるのか。他の臓器だって動いてるし、皆さんが電子書籍なのか紙の本でこれを読んでくれているのか分かりませんが、どっちにしろ手も使ってるし、僕もこれを書いてるのは右手だし、みんな働いてくれているのだな。

　どういう原理なのカラダって。

　野暮なアンケートをとってしまいすみません。

　僕は家でお酒を飲むことが多いのですが、最近運転をするようになったので、あんまり遅くまでは飲まないようにしています。もうやることがなくなった時間帯に20分くらい湯船に浸かってベランダに出て夜風にあたり、ヒップ

ホップを聴きながら飲むお酒がものすごく好きなんです。正直サウナに行かなくてもととのいます。

　ととのいました。

　お酒とかけまして、ネックレスとときます。

　その心は、どちらも引っ掛けると揺れるでしょう。

「ととのう」の意味がちがいました。そういう意味じゃないんですよね。ととのうって。最近よく聞くけどあんまり僕はしっくりきてないんですよねぇ。

　お酒を飲むと酔っ払って少しおバカになって、ととのうの意味を理解できなくなったり、カラダの原理とか普段考えないようなことをじっくり考えてみてしまったり、さっき聴いた曲を何度も聴いて歌詞を丸暗記してみたり変な行動をしてしまいますが、これが気持ちいいんですよねぇ。

　今の僕の気持ちは高速道路で窓を開けたい。

　何でだよって思いますよね。

　今エッセイを書いている時間は14時。シラフです。

　逆にびっくりでしょ。

サウナ後藤

み　なさんはサウナ行きますか??　行きませんか??
　　僕はねたまに行くんですよ。

　どれくらいたまにかと言いますと、すみませんどれくら
いたまにか一日考えたんですけどなんにも出ませんでし
た。「どれくらいたまにかと言いますと、」とパソコンに打
ち込んでから「すみませんどれくらいたまにか一日考えた
んですけどなんにも出ませんでした。」と打ち込むまで一
日経ってます。

　文字だと分からないですよね。

　正直に言います。

　一日経ってます。その一日、約30時間くらいですかね。

　その間にいろんなことしました。

　お笑い第七世代である僕に珍しき出来事である休日だっ
たんです。

　たまにお笑い第七世代にもあるんです、休日。

　その休日何をしていたかと言いますと、野球ゲームをし

たり、たこ焼きを焼いたり、ＢＴＳを聴いたりしていました。

　あ、あとサウナにも行きました。わりと久しぶりに行きました。寒いから行きたくなるんですよね。

　僕がよく行くサウナにはテレビがないんですよ。サウナってテレビが醍醐味みたいなとこあるじゃないですか。普段全然見ないけどサウナでよくみるなぁ～みたいな番組ありますよね。しかしそのテレビがないんですよ。

　テレビなしのサウナの時間わりときついんじゃない??

　そう思ってますよね。安心してください、穿いてますよ。

　すみません大ふざけしました。エッセイの途中でとにかく明るくなってしまいました。しかもサウナでは穿かないですよね、パンツ。

　知らない人のために説明させていただくと今のはですね、とにかく明るい安村という芸人さんのネタに「安心してください、穿いてますよ」という決め台詞があるんです。パンツを穿いているのにもかかわらずパンツを穿いていないように見える体勢をとるんです。

　そして決め台詞。

「安心してください、穿いてますよ」

　これです。かなり面白いですよ。いまでもたまに見てしまいます。

　すこし話がそれてしまいすみません。

　サウナのテレビのない時間どう過ごしてるのっていう話ですよね。そこのサウナはテレビがないなりに工夫をされてるんですよ。

　それはなにかといいますと、全然知らない演歌が流れてるんです。知ってる人からしたら最高ですけど、知らない人からしたら最悪ですよね。ＢＴＳ流してよって思いますよね。

　僕はいつも6分くらいサウナに入るんですが、その演歌が流れていると体感は12分です。本気で長いです。プレイリストがもうなんとなく分かってきて、何曲か演歌口ずさめますもん。なんならもはや少し好きです。

　今はきっちり6分に感じます。6分て早いなぁ〜とは微塵も思いませんが。

　おじいちゃんがたまに演歌口ずさんでいるので、その時

はハモってみようと思います。腰を抜かさないといいな。

　サウナの後はあれですよね、汗を流してからの水風呂。
　これがたまらないんですよ。苦手な人も多いと思いますが、僕は水風呂大好きです。そのためにサウナに入ってる部分もあります。
　入る瞬間はめちゃめちゃきついのですが、全身つかってからの解放感といいますか、すごくいいですよね。水風呂を出てからの休憩所での放心状態の時間もいいですね。ベタですが。

　これを読んでいただいてる皆様も、サウナに行きたくなったんじゃないですかね。演歌のかかるサウナに。なかなかないんじゃないですか、演歌のかかってるサウナ。僕はもう完全にサウナに行く準備を始めたいです。

　それでも今日は我慢します。
　なぜなら家にあるお風呂がさみしそうにこっちを見てるからです。ＲＰＧだったら仲間にしないといけないレベルでこっちを見つめています。
　サウナに行くときはいつもそうなんです。タオルとパン

ツなどをカバンにつめているとまた他のところで体をあっためてくるの??　そういった目をしてこちらを見つめてきます。なので今日はそこにつかりたいと思います。

　皆さんもサウナに行く前に自分の家のお風呂と目をあわせてみてください。

　見てるでしょ。

　お風呂も人間と似た部分がありますね。嫉妬という感情。

　よく考えたらですよ、家のお風呂なら自分の好きな曲がかけられるし、周りの目を気にせずそれを大声で歌えるし、なぜか店員よりきびしいおじいちゃんもいないし最高なんですよ。

　それでも僕は今日のお風呂で演歌をかけると思います。

　しかしまいったことに演歌の曲名ほとんど知らないです。知ってる演歌の曲名はジェロの「海雪」くらいかもしれません。

　ジェロ元気かな。たまに気になりますよね、ジェロがいまどんな活動をしているか。

　さて「どれくらいたまにかと言いますと、」の後、一日

考えてから書き出したサウナ後藤ですが書き始めてみたら何個か答えがあったみたいです。

　ここであの「どれくらいたまにかと言いますと、」から思いつかなかった部分を書かせて頂きます。

　どれくらいたまにかと言いますと、お笑い第七世代の休日、とにかく明るい安村のネタを見たくなる時、おじいちゃんが演歌を口ずさむ時、ジェロ元気かなって思う時。

　これくらいたまにサウナに行きたくなります。

ドミノ後藤

ド ミノ倒ししたことありますか。ドミノ倒ししたことない人はいないと思うくらいメジャーな遊びですよね。

ドミノ倒し僕結構好きなんですよね。

ええ？　意外。僕は、もしくは私は苦手だな、と思った人多数いると思います。でもこのエッセイを読んでいったら、ああドミノ倒し好きだわとなると思います。

というのも最近番組の企画でやりまして、ドミノ倒しってこんなに深いものなんだなと思ったんです。

ドミノ倒しをするということは、まずドミノを並べますよね。ドミノ倒しをするということは、まずドミノ並べをするということなんです。

ドミノ倒しの何が苦手なの？　と聞かれた時、多くの人が神経使うじゃんと答えると思います。

それをよく考えてみてください。ドミノ倒しですよ。神経使わなくないですか。神経使うからドミノ倒し苦手という人、ドミノ倒しは神経使いません。むしろ爽快です。

　神経使うのはドミノ並べです。たしかにドミノ並べは神経をめちゃめちゃ使いますよね。なのでそういう人はドミノ並べ好き？　と聞かれた時に苦手かな、と答えるようにしてください。

　ドミノ倒し好き？　と聞かれた時は、誰かが並べてくれたものを倒すだけなら好き、と答えるようにしてください。

　そんななか僕はドミノ並べ好き？　と聞かれたらこう答えます。

　ドミノ並べ好きだね。ドミノ倒しも好き。

　そんなバカな。そう思った人たくさんいると思います。

　そう思った人はとりあえずドミノを100個ほど並べてみて欲しいです。ドミノを倒すためにドミノを並べます。

　でも完成させる途中でドミノって倒れますよね。そうなったらどうですか。めちゃめちゃムカつきますよね。俺は今ドミノ並べの最中なのにドミノ倒しが起こりやがったと。それってめちゃめちゃよく分からなくないですか。倒すために並べてるのに途中で倒れたらムカつくって。

　なんでムカつくの？　それが目的じゃん。てなります。

ドミノ倒しをしたくてドミノ並べを始めて、途中で倒れたら正解の反応は、やった！　予定より早めに倒れた！　ラッキーとなるはずです。

　でもそんなこと思いませんよね。

　それはなぜかというと、ちくしょー倒れちまった、と思う人はドミノ並べが好きでドミノ倒しが嫌いだからなんです。

　みんなそうなんです。一回考えながらドミノ並べをするんです。なんでこんなことしてるんだっけと。

　倒すためですか？　違いますよね。並べ切るためですよね。そして最終的に倒すために。

　長いこと話しましたが安心してください。今後かなりの確率でドミノ倒し好き？　と聞かれることはありません。

　じゃあなんでそんなに長いこと喋ったかと言いますと、ドミノ倒しみたいな文を書いてみたいなと思ったんです。

　ドミノは並べ切って達成感を得ますよね。そしてそれを倒し切った時、あっけねぇ〜、と思います。

　この文はほぼドミノ倒しです。高確率で聞かれることのない質問の答えの屁理屈交じりの文を頭を使いながら読ん

だのに、読み切ったらこれなんだったんだよと思うような文です。これがドミノ倒しの深さなのかな、と思ってなんだか伝えたくなったのです。

　何事だってそうだと思うんです。

　人生がまさにそうじゃないかなと。

　最後のドミノを並べ切るまでドミノを並べ続けると、途中で倒れたりするけども全部倒れ切ることはあんまりありませんよね。

　少し戻ってまた並べる。倒れても並べる並べる。並べて並べて並べまくる。このドミノ並べを楽しんで悲しんでしてやっと並べ切ったら達成感がありますよね。

　しかし並べ切ったところがゴールじゃないんですよね。

　それを振り返る時間。走馬灯ですよね。

　走馬灯はドミノ倒しのようにあっけねぇ〜のかな。

トリオ後藤

　こんにちは。四千頭身の後藤です。

　四千頭身というのは僕が普段活動してるお笑いトリオの名前です。主に漫才をやっています。トリオ漫才です。

　トリオならロバートさんや東京０３さんなど、コントの印象が強いと思います。2018年にキングオブコントで優勝したハナコさんもコントです。

　正直トリオだとコントの方がやりやすいと思います。Ｍ－１グランプリのトロフィーも２人の像だし。

　そんな中なぜ主に漫才をやるの？　とよく聞かれます。たまたま養成所に入って最初に作ったネタがトリオ漫才だった。

　最初はそれだけでした。

　しかしやっているうちに変わっていきました。

　コンビで漫才面白い人はたくさんいる。コンビでコント面白い人もたくさんいる。トリオでコント面白い人もたく

さんいます。

　ただトリオで漫才面白い人と聞かれて、もちろんたくさんいるのですが、この人！　と即答できる人は少ないと思います。だからそのジャンルですぐに思いつかれる人になりたい欲が強まったのです。

　M－1グランプリで僕らが王者になった場合、あのトロフィーでは成立しなくなる。ではどうなるのか、すごく気になるんです。

　トリオ漫才ではM－1の決勝の舞台にいけた人すらいないんです。チャンスだと思っています。お笑い界の歴史に強く残るトリオになるにはコントじゃなく漫才なんじゃないかなぁと思ってます。

　もちろんコントもやりますがね。

　トリオで漫才ってどう書くの？　とも良く聞かれるのですが、僕はうまく答えられたことがありません。

　ペンで書くよ、と言ってすべりまくったときは気絶するかと思いました。

　自転車に乗ってるときに考えるかな、とかSEKAI NO OWARIのFukaseみたいなこと言ったときも変な空気に

なりました。誰もセカオワかよ！　ってツッコんでくれません
でした。それに答えたら終わりのような気がして答えられないのかもしれません。

　ネタはこういうときにこう書いてるよって言われてからネタみると、少し冷めませんかね。だから嘘ついちゃうのかもしれません。

　移動中の新幹線で書いたとか言ったこともあります。

　それは本当の話だったからこそ反省しております。それを言ってどう思われたかったんだろなぁと。

　結局は、「ネタなんて書いてません、即興でやってます」と答えるいま大人気のネオチャラ漫才師、EXIT が正解なのかなって思ってます。さすがネオチャラ漫才師。

　最近はネタ以外のお仕事ももらえるようになってきました。

　アーティストのライブツアーアンバサダーを任せてもらったり、大盛りのご飯食べたり、バンドマンと一緒に石積みをしたり、本当に楽しい毎日です。

　家族の前でオカリナ演奏したりもしました。家族に向けてオカリナ吹くことなんてないと思ってましたから、それはそれは緊張しました。

　それがテレビで放送された翌日から、ウィキペディアの四千頭身後藤の特技の欄が「オカリナ」になってました。

　テレビの影響力すごいなぁと思いました。

　海外に行かせていただいたりもしました。しかもトリオじゃなく僕1人で。

　ラスベガスです。

　すみません書き直します。

　Las Vegasです。

　はじめての海外が仕事で、しかもラスベガス、いや、Las Vegasですよ。カジノしかないイメージでしたから、不安だらけでした。出国できたのに入国できなかったらどうしようとか、撃たれたらどうしようとかうまくロケできなかったらどうしようとか、初海外と仕事の2つの不安が僕を襲いました。

　ある会社の社長に密着するというロケで、ずっと社長について回りました。ロケはなんとかなりました。しかし初海外の僕は、そのロケ終わりの時間が大変でした。

　Las Vegas慣れした2人の海外スタッフに連れられて、噴水を見ました。彼らはカメラが回ってるんじゃないかっ

てくらいボケるんです。

　普段ツッコミをしている僕はちゃんと全てのボケにツッコミました。

　この職業を始めた時点でもう常にビジネスなんじゃないかと感じました。でも辛いとは思わなかったので、僕はやっぱりこのお仕事が好きなんだなぁと日本でも学べそうなことを学んで帰ってきました。

　行ってよかったです Las Vegas。

　海外だけじゃなくイベントなどでいろんな地方に行けたりもするんです。

　嬉しいことに地方にもたくさんの人が集まってくれるんです。

　でも絶対これって今のうちだけだと思うんです、このままだと──。

第 7 世 代 後 藤

「**お**笑い第 7 世代」って言葉を知ってますでしょうか。

いまなんとなくテレビに出てきてる 20 代の芸人さんたちをそう呼んでくれる人がいるんです。

だいぶこの言葉に助けられていて、お笑い第 7 世代の四千頭身と呼ばれることも多いです。

よく売れてるね〜、とか最近言っていただくようになりましたが、僕らが売れてるとは思ったことがなく、お笑い第 7 世代という言葉自体が売れてるような気がするんです。

これがですよ、もし世間がお笑い第 7 世代というワードに飽きたとき、仕事が確実に減ってしまうと思うんです。マジックワードなんですこれは。

なので今はいろんな経験をさせてもらってます。

ここで文章を書けるのもそうですし、今いろんなことを吸収して、お笑い第 7 世代というワードが使われなくなっても、いま若い世代のみんなでお笑いできてたらいいなぁと思います。

　いまYouTubeなどネットで動画をみる文化が発展してきて、テレビは見ないという人もいますが、それは仕方ないと思うんです。便利なものがあれば便利なものの方を使う。それは当たり前のことですし。

　だからYouTubeでチャンネルを作る芸人さんもたくさんいるんです。

　お笑いはどうなっても生き残り続けるんだろうなぁと思います。

　メディアが替わろうと存在できるジャンルであるお笑いはめちゃめちゃすごいなと思います。

　そんな仕事ができていることに誇りを持っています。

　きっかけは友人が勝手に養成所に応募したというアイドルみたいなそれですがまさか誇りをもってできるほど好きになれるとは思いませんでした。ラッキーです。

　お笑いって賞レースが意外とたくさんあるんです。

　全国区のテレビで放送されてて認知度が高い大会はM－1グランプリ、キングオブコント、R－1グランプリなどですが他にもラジオ番組の大会があったり大阪の賞レース

に参加できたりもします。

　賞レース期間はやっぱりピリピリしますが楽しいです。

　2019年、大阪の由緒ある賞レースのＡＢＣ<ruby>ＡＢＣ<rt>エービーシー</rt></ruby>お<ruby>笑<rt>わら</rt></ruby>いグランプリでは決勝に残ることができました。

　そこでなんと都築くんがネタを飛ばしたのです。生放送でですよ。

　僕はテンパってしまってフォローとかもできずもう、「バカ！　大舞台だぞ！」と叱ることしかできませんでした。

　これも生放送で流れました。

　大失態です。

　これに笑ってくれた<ruby>審査員<rt>や せいばくだん</rt></ruby>は野性爆弾のくっきー！さんだけだったみたいです。

　ネタ終わりは都築くんと一言の会話もなく東京に帰ろうとすると<ruby>霜降<rt>しもふ</rt></ruby>り<ruby>明星<rt>みょうじょう</rt></ruby>の<ruby>粗品<rt>そしな</rt></ruby>さんから連絡がきました。

「帰るんか？　都築と喋ったか？」そうきたので、「帰ります！　都築とは喋ってません！」と答えると、「明日早くないなら帰らんで（帰らずに）飲みに行こうや」と言っていただいて、お店に行くとそこには都築くんもいまし

た。

「え、なんでいるの」と聞くと粗品さんが、「喋らんで終わんな（喋らずに終わるな）」と言ってくれました。

　これが第7世代のリーダーかと思うと頼もしくて仕方ありませんでした。頭上がりません。

　そこで都築くんと喋りました。最近乃木坂 46 を好きになったとのことでした。

　そのとき撮った写真を見返しました。都築くんはダブルピースをしていました。

　めちゃめちゃお酒飲んでました。

　全く落ち込んでませんでした。

　これが都築くんか、と参った思い出になりました。粗品さんが作ってくれた場で都築くんに参らされるとは。

　もう1人の相方である石橋くんの話は今日はしません。

　いつかするかもしれません。

　ありがとうございました。

後藤が好きだったお笑い

僕は小学生の時に毎週かかさず見ているバラエティ番組がありました。

それは『はねるのトびら』です。

『はねるのトびら』はキングコングさん、ドランクドラゴンさん、インパルスさん、北陽さん、ロバートさんが出ているコント番組で、全部のコーナーが面白かったですが、キリギリスの格好をした芸人さんがギリギリな事に挑戦する「ギリギリッス」というコーナーと、100円の商品の中に交じっている高額商品を見極める「ほぼ100円ショップ」というコーナーが特に好きでした。

休み時間に一人でギリギリなことに挑戦したこともあります。

休み時間いっぱいまでグラウンドで遊び、チャイムが鳴ったと同時に教室に戻って間に合うのかという挑戦です。

普通にめちゃめちゃ間に合わず教室に入ると、先生になにやってんだと言われ、ギリギリッスですと言うとギリギリどころの騒ぎじゃないと怒られました。

　ほぼ100円ショップは、大人になったら絶対やろうと約束してた友達がいるので、近いうちに開催したいと思います。

　中学生の頃も普通にお笑いは見ていて、『３３３　トリオさん』という、パンサーさん、ジャングルポケットさん、ジューシーズさんのトリオ３組でやっていた番組が大好きでした。

　その当時はまだ３組とも露出が少なかったので、若手芸人が本気で頑張って色んなことをするのが見ていて本当に面白かったです。

　特にぶっつけ本番で、メンバーが誰もやったことない陸上競技をやる「ぶっつけ本番陸上」という企画が好きでした。ぶっつけ本番シリーズは陸上以外にもあるのですが、メンバーの方がみんな結構ぶっつけ本番でもできていて、当時中学生の僕もぶっつけ本番で何かに挑みたくなり、なにがいいかと考えて期末テストにぶっつけ本番で挑むことにしました。

　授業は受けてるわけだし、勉強しなくてもぶっつけ本番

でいけるだろう、と思ったのですが、5教科合計で46点をとりました。500点満点中です。

　絶対にテスト勉強はするべきです。ぶっつけ本番で挑むものはテストではなかったです。普通に三段跳びとかにしといたら良かったと後悔しました。

　高校の時は『ＴＨＥ　ＭＡＮＺＡＩ』をみて衝撃を受けました。こんな喋りだけで面白くすることなんてできるんだと。

　見様見真似でやってみたくなり、高校にいた少ない友達の中から一緒にやってくれるやつを探してやってみました。

　それが意外と楽しくて人に見せたくなりました。

　文化祭でやってみようよ。

　そう言われたので僕も少しやってみたくなり、出ようと実行委員会に紙をもらいに行きました。

　文化祭のステージの枠ってまだ空いてますかね、と言うと実行委員会の子から衝撃的な言葉が返ってくるのです。

「空いてますけど1人1ステージまでなんですよ」

　じゃあいけるじゃないか、と思いつつ、どういうことで

すか、と聞くと、どうやら僕はステージに出る予定がある
みたいだったんです。

　どれですか、とリストを見せてもらうと、イケイケ女子
２人とイケイケ男子４人の名前に交じって僕の名前があり
ました。そしてその横にダンスと書いてありました。

　次の日からイケイケ高校生とのダンス練習が始まり、僕
は文化祭でＡＡＡ（トリプル・エー）を踊りました。

　盛り上がりました。

　盛り上がるんかい。

コント後藤

僕たち四千頭身のネタは漫才が多いのですが、たまにコントもしたりしています。

『エンタの神様』では毎回必ずコントをやらせてもらっていますし、キングオブコントの予選にも実は出たことがあります。

実は事務所に所属して最初にライブでやらせていただいたネタもコントでした。

それは都築くんがくるみ割り人形の役で目の前に現れたクルミを拳で叩き割るというコントでした。

初ライブにしてはそこそこいい反応をいただいたような気がします。お客さんは2人でしたが。

その年キングオブコントに出ようということで、1回戦用の2分のコントを作って出てみました。

その時に作ったネタは8階建てのマンションのエレベーターの中で、14階に行きたがる人が乗ってくるというコントでした。

　みなさんお察しの通りです。

　撃沈しました。人間ってこんなにスベるかねってくらいスベりました。

　それからはずっと漫才をやって、また翌年のキングオブコントの時期にもう一回挑戦してみようということで、再び２分のコントを作って出場しました。

　なかなかいい反応をいただいて２回戦に進むことができました。決勝に出て優勝できなければ意味がないことは分かっているのですが、その時通過する喜びもないと言っては嘘になります。

　普通に喜んで意気込んで２回戦に挑みます。２回戦も２分のネタだったので１回戦同様そのコントをやりました。

　ここの反応もよく、準々決勝に進むことができました。いけるんじゃないかと思ってしまいました。

　さぁ次も頑張るぞと意気込み、準々決勝の詳細を見ると、ネタ時間５分と書いてありました。

　これはまいりました。

　１回戦２回戦でやったゴルフのネタはせいぜい延ばせて

も３分尺がちょうどいい短尺のコントだったので、新しいのを作るしかないかと思いましたが、準々決勝の日程もわりとすぐに迫っていたので、ライブでかけれる時間もなく、どうしようと頭を抱えたときに思い出しました。ライブにかけたことあるコントで５分のコント。

あれだ。

都築がくるみ割り人形になって出てきたクルミを拳で叩き潰すコントがちょうど５分位だったのです。

僕はそのコントがこの時を待っていたように感じました。

都築と石橋に言いました。準々決勝はくるみ割り人形のネタでどうだろうか。

２人も、「たしかに。あれは最初にライブでやったネタで思い出もあるしな」。ということで、満場一致でくるみ割り人形で行くことになりました。

当日の朝にネタ合わせを終えて、これはいけるぞと気合を入れ、いざ本番、僕が板付きで始まります。

そこに現れる石橋、「くるみ割り人形を買ってきたから今から持ってくるね」。

　一度ハケる石橋。そして石橋に手を引かれて出てくるのは人形のように感情を無くした都築。

　のはずだったのですが、出てきたのは手も足もガクブルの都築でした。そういうコントかってくらい震えていました。

　いや人間じゃん。という僕のツッコミがその震えに妙な意味を与えます。

　都築は緊張に弱い。しかしここまでとは。

　まぁ大丈夫だ。クルミを都築の前に置いて都築がそれを叩き割った衝撃で、きっとお客さんも笑うだろう、と期待を込めて都築の前にクルミを置きました。

　震えた都築の拳は、クルミをよけて机を思いっきりぶっ叩きました。

　お笑いライブかってくらい静寂に包まれる会場。その静寂のまま5分がすぎました。

　しかしガクブルしなかったらウケてたかと言われるとそんなこともありません。シンプルにネタもスベっていましたが、くるみ割り人形くんが震えてくれたおかげで、僕は精一杯都築のせいにできてラッキーだなと思いました。

　それを最後にキングオブコントには出ていません。

　誠心誠意コントに打ち込みいいコントができたら、出場させていただきたいと思います。

✕ ムロツヨシ さん（俳優）

どなたか対談をしたい方は——？
と尋ねたら即答でお名前が出たの
が、ムロツヨシさんでした。年の離
れた友人と語る、出会いや仕事論、
プライベートのあれこれ。

構成：西澤千央
写真：佐野円香　場所：講談社

愛され上手の
ホントのところ、
教えてください。

実は仲良しな二人

後藤　　ムロさん

今日は本当にありがとうございます。

マネージャーから「後藤さんとの対談のお話がきてますが、やりますか？」って聞かれて「やります」って即答しましたよ。

即答うれしい（笑）。ムロさんとは『有田Ｐおもてなす』（ＮＨＫ総合）で初めてお会いして。

番組の打ち合わせで「誰か気になる芸人さんいますか？」って聞かれた時に、名前を挙げさせてもらって。四千頭身・後藤くんの低いテンションのリアクションが好きですと。

ムロさんが「四千頭身」って言えば、多分3人で出られたんですけど（笑）。ムロさんが、そこで「四千頭身の後藤くん」って言ったので。

そこは2人に申し訳ないことをした（笑）。ヨーロッパ企画の永野宗典さんも出てたんですけど、その後永野さんが打ち上げでみんなに声掛けてくれたんだよね。永野さん、いつからそんなことできる子になったのか……。

それで「後藤くんも声掛けてみようか」って。

あの日ラジオがあったんですよ。だから、「あ、ごめんなさい。ちょっとラジオがあって」って断ろうかなと思ったんですけど。でも永野さんが「ムロさんも来ますよ」って言うから「あ、行きます」と（笑）。

永野がこの対談を読まなきゃいいが……（笑）。打ち上げでちょうど席も近かったから、いっぱいしゃべって。それで連絡先を交換して、1ヵ月以内に飲みに付き合ってくれたりして。

いや、すごいハマり方でしたね。

人付き合い嫌かなと思ってたんだよね。年上の人と飲むのは、もしかしてリラックスできないかもな、と。だから一応僕も緊張して誘ってるんです。でも案外来てくれる。

なんでだろ、ムロさんには行けました。

でも2人でいても、お互い口数少ないですよ。結構、真面目な仕事の話しかしない。ふざけた話は基本しないよね。後藤さんはテンションが上がることもないですし、下がることもない。安定のこのラインをずっと（笑）。私だけテンションがこう行ったり来たりするんですよ。

テンション上がってるんですけどね。そこ分かってもらえない（笑）。

（笑）でも分からなくていいです。分かろうとしなくていいのかなと思って。2人で野球を見ながら酒飲んで、口数は少ないけど、気を使わないから、私も楽でいられる。

いや、気使ってますよ！　そこも気づいてもらえない（笑）。

私、1回目の緊急事態宣言の時に朝のインスタライブを始めたんですけど、後藤さんもインスタをやってるので誘ってみたら、私のインスタライブを観てくれる方たちが後藤さんと私の何気ない会話にいろいろ食いついてくれました（20年4月23日）。私の学生時代の幼なじみも「お前が後藤さん好きな理由がよく分かる」って。「お前がつまらないこと言っても、全部彼が面白くしてくれてるな」って言われました。

ええー。そんなことないですよ。

でも後藤さんのことを、Twitterで一番トレンド入りさせたのは私です。

そう！　5月10日のインスタライブでムロさんが「あ

あ今日は "後藤の日" だね」みたいな。これトレンドに入れようか……と。

後藤さん、呼んでない日にね（笑）。

その日Twitterのトレンド欄を見たら1位「後藤の日」ってあったんです。後藤の日？　って思って。あ、5月10日だから、そういうのがあるんだと思ったら、どうやら僕のことらしいと……。

あれが去年の5月10日。

今年の5月9日の夕方には、ムロさんがインスタライブで「明日、後藤の日だな」「あいつ、呼ぶか」みたいなことを言ってたのを見たので、翌朝僕待ってたんですよ。そうしたら……。

珍しく寝坊した（笑）。前の日、飲みすぎて。

「あれ？ おかしいな？」と思いながら1人でインスタライブやってて、どうせなら「起きろ、ムロ」をトレンド入りさせようと思ったんですけど、僕じゃ全然トレンド入りませんでした（笑）。

真面目な話、聞かせてください。

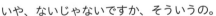

ムロさんから俳優の世界のお話を聞くのが好きです。真面目な演技の話。

うそ？ やめて？ こんなとこで恥ずかしいから。もっと「お姉ちゃんと遊んでる」とか「ああ見えてギャンブラーだ」とかそういうエピソードにしてよ（笑）。

いや、ないじゃないですか、そういうの。

昭和の役者に思われたいから。往年のなんちゃらみたいに思われたいから！

ないです。全くないです。ゼロです。ムロさんは真面目ないい人！

いやいや（笑）。でも俺思うんだけど、"いい人キャラ"なんてならないほうがいいですよ。多分、疲れると思う。俺はいい人っていうか、人見知りの逆の症状があるの。人にいろいろ話しかけて、全ての人と仲良くなりたいっていう病気を持っているので。

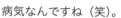
病気なんですね（笑）。

私はもう病気だからとあきらめがついてますけど、あきらめがつくまでは結構時間がかかると思う。だってそんな、みんなに好かれようとするのは大変ですよ。いい人だと思われてる人は、何か1個変な言い方とか、悪いことしただけで、急に極悪人にされちゃいますからね。

確かにそうだ……。

でも、それもあきらめてるの。そうなる日がきたとしても、へこまないように準備してます。その準備も面倒くさいでしょ？

面倒くさいです。でもムロさん、人見知りの僕が仲良くなれるくらいだから、やっぱいい人なんですよ。

いろいろな人たちの言葉を要約すると、俺はオスの匂いがしないらしい。全然オスだけどね。

オスです。

 後藤さんはどうなんですか？　お姉さんとか近づいてきたりしますか？

 め、めちゃめちゃきますよ。

 うそつけ（笑）。そういえば後藤さんの恋愛観って、聞いたことあったっけ？

 そういう話はしたような気がしますが、何言ったかは忘れてます。

 俺も多分、聞いたけど忘れてます（笑）。どういうタイプが好きなのよ。

一目惚れの話をこの本にも書いてるんですけど……やっぱり透明感のある子が。

それじゃあ、この世界にいたらすごいでしょ？　一目惚れが頻繁に起こるでしょ？

いや。なんて言うんですかね？　輝きすぎて、透明感じゃないんですね。それって。

なるほどな。

まぶしすぎて、目がチカチカするんですよ。「うわっ」ってなっちゃうんですよ。あんまり現実味がないというか、うそみたいじゃないですか。芸能人って……。

そうなー。みんな、かわいいもんな。

女優さんって演技うまいでしょ？

うん。そこが、怖い？

怖いっすよ。全部うそじゃないかと思って。

そんなことないと思いますけど（笑）。

本当ですか……？　え、ムロさんが今まで会った芸能人で目がチカチカするような人いましたか？

「うわ！　きれいだな!!」と思ったのは常盤貴子さん。

え、そうなんですか？

 よく聞かれるじゃん、学生時代の友達とかから「誰？ 誰？ 誰が一番きれい？」って。がさつな質問だな、こいつらと思うけど（笑）。そこで「常盤さん」って言ったら「そこかー」って、それだけで盛り上がってくれるの、あいつら。

 それ聞かれますよね。

 憧れもあるじゃない？ テレビ見てたときの。常盤さんが一番っていうのは、それもあるかもしれない。ずっと見てたもんなぁ。で、後藤さんは誰？

 <ruby>有村架純<rt>ありむら か すみ</rt></ruby>さん。

 ああー。

 マジかわいかったです。楽屋挨拶に行かせてもらって。

 え？ なんか番組一緒だったんですか？

 そうなんですよ。

 だめですよ、楽屋挨拶しちゃ。有村架純ちゃんには楽屋挨拶しないでください！

しかも1人で行きました。

1人で行く？ それこそ3人で行きなさい！ で、話せた？

知ってたんですよ。有村さんが……どうやら僕らのことを知ってるって。忘れられないです。

それはうれしいよね……有村架純ちゃんが自分のこと知ってくれてるとか。

そうなんですよ。

前にドラマ撮ってる隣のスタジオで演歌番組撮っててさ、ばったり八代亜紀さんにエレベーターで会ったの。そうしたら「好き」って言われた。めちゃめちゃうれしかったな。だって「雨、雨、降れ降れ。もっと降れ」って歌ってた方がだよ？ 子供の頃から見てた方が。そんな人に「好き」って言われたの。

うれしいですよね……。すごいことですよね。

豪華共演！ インスタライブを振り返る

芸能界に入って驚いたのは、もう一つ。みなさん本当、変わらないじゃないですか。芸能人も普通の人。

 そうね。変わっちゃう人も何人か見てきたけどな。

ただ、会ったりすると「うわ、すげ」って思う。それこそムロさんとインスタライブしてたら広瀬すずちゃんが来た時（21年5月16日）……。

 あ、きたきた。この前な。

そうなんです。僕の隣にバンッて現れたんですよ。

 スマホ上ではな（笑）。

はい。ムロさんがいて、僕がいて、広瀬すずちゃんがいて。

 後藤さん、ずっと横見てた（笑）。

そうなんです。だってスマホだと横にいるから（笑）。

バカな子だな〜（笑）。

ただこの話、続編があるんですよ。

なになに？

次の日に、日本テレビを歩いてたら「後藤さん、後藤さん」って聞こえるんですよ。後ろのほうから。誰？　と思ったら、嵐の櫻井翔くんですよ。櫻井翔くんが「昨日インスタライブ見ましたよ」って言って。

うそ？　やったじゃん！

「ムロさんとすずちゃんとインスタライブやってましたよね」って。たまたまメイクしてた時に、メイクさんたちが盛り上がってたんですって。これがもう、芸能界なんだと……。

インスタライブをやったら、櫻井くんに話しかけられた。

びっくりです。びっくりです。

 でも後藤さんは、そんなすごいことがあっても変わらない。後藤さんの中では、すごい振れ幅かもしれないですけど。それが魅力ですけどもね。私たちの世代にいないような方ですから。

本当ですか？

 中に隠してるんだよね、野心は。それもまた大好物なんですよ、私。飲んでたりするとちょっとだけ見える、言葉の節々に見える野心が大好きなんですよ。それで飲んでるようなものですよ（笑）。その隠してるところがまたいいな、なんて言いながら飲んでるんですよ。お酒。

見えてるのか……。

 そんな直接な言葉じゃないですけど、会話が進んでいったときに、たまにそういう単語が聞こえるんですよ。

「もっと、もっと」みたいな。あと「怖い」とか。やっぱりここまできちゃったから、下がる怖さもあるよね。お笑いの世界も、僕ら俳優の世界も、いつどうなるか分からないじゃないですか。どんどん新しい方もやってくるし。特にお笑いの上の方たちは、まだまだ現役バリバリで。

元気バリバリなんですよ、全員。

あと好きなのは、後藤さんはお金を使ってることも隠さない。それ、いやらしく見える人もいるけど、後藤さんはいやらしく見えないんですよ。

見えないですか？

だって、インスタライブでバーカウンター出したとき、笑いましたもんね。「後藤さんち、バーカウンターあるの？」って言ったら「そうなんですよ」って言ったときの。なんだろう、コメディーになる。いやらしさがない。

あれはね、チョイスが完璧なんですよ。僕がバーカウンターっていう。

車もね。車のこともガンガン言うじゃん、テレビで。あれもすてきだなと思って。

だって、僕がこっそりバーカウンターだったり車買ってたりしたら、嫌じゃないですか？

こっそりのほうが嫌だね（笑）。言っちゃう方が清々しい。

清々しいですよね。

家だって、俺、もう前の家から知ってるから。茶色いカーテンの前でよくインスタライブやってくれた（20年4月23日）。今はもっと大きな窓のところに住んでる。

そうなんですよ。あの話題の茶色いカーテン、引っ越しの時捨てちゃったんです。

捨てちゃったかぁ。インスタライブであの茶色いカーテンいじり倒した後、カーテン協会みたいなところからTwitterきたんだよね。「いくらでもお取り寄せしますよ」って。

え？　本当ですか？　なんで僕にじゃない？

後藤さんの影響力ですよ。

いわゆる「後藤の肌色」カーテン、結構話題になったんですね。ただ引っ越し先の窓のサイズに合わなくて。で

もやっぱり、愛着があるんですよ。だから本体はかさばるから捨てたんですけど、カーテンを束ねて留めておく、あれ……タッセルだけとっておいて。

すてきですね。そこだけとっておくっていうのが、また素晴らしい。今度、インスタに上げてもらっていいですか。

はい（笑）。

すばらしいチョイスですね。そういうところ本当に好き。

演技にうまい下手はない

以前、ムロさんのおうちに遊びに行った次の日、僕ドラマのオーディションがあったんですよ。大河ドラマのオーディション。

おお、そうだったんだ。

そうです。その時ムロさんに「どうしたらいいんですかね？」って聞いたら、すごくかっこよかったですよ。「演技、うまい下手ないからね」って、ムロさん。僕

「うわ」と思って。

大丈夫か？ これ。字面にして大丈夫か？

大丈夫です。こういうのが大好物ですから。なんなら見出しにしてもらいます。

いや、でもそうです。演技にうまいも下手もないです。

僕は「うわ、そうなんだ」と思って。もう、うまい下手とかじゃないんだなって。翌日それぐらいの気持ちでいきました。

「うまくやろうとするのだけは、やめなさい」みたいなこと言ったんだと思う。

そうです。でも緊張しちゃって、ガチガチに。全然だめ

でした（笑）。

せめて受かれよ。そのエピソード言うなら、せめて受かっといてくれよ！

すみません（笑）。でもムロさんは都度都度そういうアドバイスをくれる。

都度都度はない。でも、インスタ生配信で「ムロツヨシショー、そこへ、着信、からの」っていうのを20年5月5日にやってね、それに参加してもらったんですよ。お金を取らないっていうショーで、後藤さんもいろいろなお仕事とか、事務所のこともあると思うけど、ちょっと参加できる？　って言ったら参加してくれて。終わった後、一番興奮したのはまさかの後藤さんだった。「これすごい。時代作りました。これ、時代作りましたよ!!」って、リモート飲みしながら。なんで後藤さんが一番興奮してるの？　みたいな（笑）。

いや、すごかったんですよ。なかなかトリッキーなことをしたんですよね。ムロツヨシショー用のアカウントを作って、リハーサルも何回もやってるんですけど、でもなかなかうまくいかないんです。タイミングが難しい。大丈夫か？　みたいな感じで本番を迎えて。でもこれが、大丈夫なんですよ。これは、すげえなと思って。

ライブでやったからね。みんなには普通のショーだと思わせておいて、実はヨーロッパ企画の上田誠くんが書いた脚本で進んでいく。最後に後藤さんが出てきてくれるっていう。

そうなんですよ。僕なんかがオチでいいのかな？　っていう。

後藤さんのパソコンも、うまく同期させなきゃいけないし。角度の問題がいろいろあったんだよな？

そうなんですよ。だから家にある本を積み重ねて、その上にパソコンを置いた。

ちょうどいい角度を、工夫して作ってくれて。

申し訳ないですけど、先輩芸人のエッセイ本もその中に……。

やめとけよ（笑）。

だって読まないんですよ、僕。

先輩芸人さんのエッセイの本は読んでないの？

あんま読んでないです。

それ、対談に入れて大丈夫ですか（笑）？

大丈夫じゃないですかね？　なんか、引っ張られそうで嫌だというのもあります。

俺も1回さ、（星野）源ちゃんの本、閉じたもん。すごい面白いなと思って。途中、その文才に1回引いて（笑）。絶対、ここの域に、俺行けないわと思った。

なるほど……。

3分の1ぐらい読んだところで、閉じたまま、その後、読めなかったもん。

3分の1……結構読みましたね（笑）。

だって面白いんだもん……あの人。

3分の1……。

話がそれましたけど、そのムロツヨシショーのギャラを後藤さんが頑なに受け取ってくれないんですよ。お返しに四千頭身のYouTubeチャンネルに出てくださいって言って。もちろん「出るよ」って言ったけど、そこからまだお話がなくて。
　それでなぜかこの前『千鳥のクセがスゴいネタGP』

（フジテレビ系列）から連絡がきまして。「あの、後藤さんがムロさんとコントできるって自信満々に言ってるんですけど、本当でしょうか？」って。いや、私、YouTubeは言ったんですけど、『クセがスゴい』はちょっと……あの戦場に、役者ムロツヨシは行くべきじゃないのではと。私、あそこが戦場だということは分かりますから。あの緊張感というか、皆さんがしのぎを削る感じというか。なので、そのうっすらきた話をうっすら断りました（笑）。

それはもう、ディレクターさんだいぶ悪いですわ。僕にはあたかもムロさんを呼べるみたいな感じで「後藤さん、昨日インスタライブ見ました。ムロさんと仲いいんですね。これ、下手したらいけますよね？」みたいに言ってましたから（笑）。

うまいな、そのディレクターさん。そういう人多すぎる（笑）。

そうです。大体そういう人帽子かぶってます。

危なかったわ。後藤の頼みだから一瞬出たほうがいいのかな？　と思ったけど、やっぱりあんな芸人さんの戦場行けないわ。

あれ、本当にクセスゴくないと。

『有吉の壁』（日本テレビ系列）では俺のまねしてくれたんだよね？

そうです。ものまねをさせていただいて。

良かった。有吉（弘行）さんが、あれ見て笑ってくれて。

本当に良かったです。

後藤さんから「（やっても）いいですか？」って連絡もらった時は、「全然いいけど、勝てる可能性を俺は感じないよ」って言ったの。だって俺だよ？　だけど後藤さんは「大丈夫。行けます」って。

自信満々でした。リモートの『有吉の壁』で、「リモートの壁を越えろ」って企画で、結構良かったんです。「後藤さん、良かったので、次の週ももう一回お願いします」って言われました。

やったじゃないか！

他になんかあります？　って言われたので「ゴルゴ13だと思ったらゴルゴ松本だった」というネタやったら、それはすごいすべりましたね……。

フルスイングで行ったってことでしょ（笑）？

そうです。もう苦痛でした。「やばい！」ってなって。

「やばい」って思ってる後藤さんが分かんないんだよな。こっちから見てたら。

そうなんですよ。「落ち着いてるな、こいつ」みたいに見られがちですけど、ほんとはめっちゃ焦ってるんですよ。

お芝居とお笑いに境界線はない!?

後藤さんは誰かに嫉妬したりするの？

嫉妬……ああ、ありますよ。あります、あります。ジャニーズとか。

そこに行くんだ（笑）。

かっこいいのに面白いとかやられるとね。いいじゃん、かっこいいんだから、そんなこと言わなくてって思いますよね。

それも思ったことがないって言ったらうそになるけど、やっぱりすごいよあの人たち。すごい競争勝ち残ってるわけだから。

そうなんですよ。で、さらに面白いとなると、もうなんにも。どうしたらいいんだってなりませんかね？

多少、なるわな。でも芸人さんの「面白さ」とはまた違うんじゃないですか？

違います。それは完全に違いますよね。でも、芸人以外の人がバラエティーで芸人に向かって「いや、今のは違うじゃん〜」みたいなこと言う時は、ときどきムッとします。

おお、珍しく後藤さん怒ってるな。

「違うじゃん」って言ってるのがだめです、あれは。「今のは違うじゃん」って失敗したから言えるだけで。それ言うのって、めっちゃずるいですよね。そっちが適当に振って勝算もないのに、それですべって「今の違うじゃん」って。お前の腕がねえんだろって思いますよ。

絶対、怖くてできないですもん。お笑いの方に振るとか。例えば、その方にギャグとかあったとして、「振ってください」って台本があっても、丁重にお断りします。

ほら。いるんですよ、こんな方も。

絶対にやらないようにしてます。そこだけは。「どうしても」って言われても、忘れたふりしてやらない（笑）。それはもう、その関係性がある人たちがやるべき。いい人ぶってるわけじゃなくて、恐れ多くて。生み出したものとか、経緯を知ってるわけじゃないですか。俺はテレビを見てる側のほうが多いから。

ムロさんはたとえ打ち上げでも「ギャグやれよ」とか言わないですよね。

言うわけないよ。でも、「俺はお笑い分かってる」みたいな方はときどきいらっしゃるかもな。

「お笑い分かってます」はいますよね。僕だって分かん

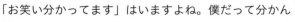

ないのに。

俺、そうやって見られて言われたことあるもん。「お笑い分かってるみたいな顔してるけどさ」って言われたことある。

やだぁぁ。

酒飲んでるときね。「そんなことないっすよ」でごまかしたけどね。ずっと引っかかってる。そう見える人もいるってことは気を付けなきゃなって思ったけど、ただ、今の言い方なんだよって思ったことはあるよね。

うわ。誰でした？

言わないです。それは言わないです（笑）。お笑いとコメディーは、違うんだけど言葉で明確に区別はできないものでさ。だって僕らが劇場で喜劇をやるとき、自分が今まで見てきた『オレたちひょうきん族』とかザ・ドリフターズとか、そこから得ているものが確実にあるわけで。だけど「コントをやりませんか」って言われると、コントっていう名前が付くなら逆にすぐには行けない。たとえばシティボーイズさんのライブに出るっていうことは役者としてできるけど、テレビ番組で「コントやってください」って言われたら「いやいや。そんなすぐにできるものではないので」って、しっかりお断りしてま

した。

それムロさんいつも言ってますよね。

だから難しいんだけど、でもそんな明確な線引きはしなくていいのかなとも思う。だって、僕はドラマにお笑い芸人さんが出るのは、絶対いいと思うし。ミュージシャンの方が出るのもいいと思う。ただ、だから僕がコントをやっていいというわけではない。NHKの『LIFE!』とか、その"くくり"がある中では、やらせていただくけど。『クセスゴ』とか『有吉の壁』とか、恐れ多いじゃん。皆さん、真剣にネタやってる中で、できないですよ。後藤さんの顔に泥ぬれないですよ。

いや、やってくださいよ。

もしやらなきゃいけないってなったら、相当覚悟を持っていくと思うんですよ。俺、NHKで本当に1回、ダダスベリしてるから。NHKの時計が止まったって言われてる。NHK史上一番、1秒が一番長かったって。

え……？

『LIFE!』でサスペンダー王子っていうキャラをやった時。

愛され上手のホントのところ、教えてください。

サスペンダー王子……。

本番が終わって内村（光良）さんに「よくやった」って言われた（笑）。ここまできたら逆にそうなんだと……。

いや、うれしいじゃないですか。

それはうれしかった。その後、NHKの朝の番組に出ると、ずっとその映像が使われるんです。もう流石に時計は動くみたい（笑）。時間が経ったら時計は動くのね。

なるほど。面白くなってるんだ。

うん。でも、その経験をしてるとね、簡単に芸人さんたちの中には入れないですよ。

いろんな後藤に会いに行こう。

もしムロさんに四千頭身のYouTube出てもらえたらこういうトークするのはどうだろう、と実は考えてたんですけど、ここで話せちゃいましたね（笑）。

そうね。でも、都築さんと石橋さんに僕はお会いしたことがないから。

そうですね。僕の家で飲んだりしましょう。後藤バーで。

一応、俺もサプライズで広瀬すずが呼べるかどうか、ちょっとチェックする。

えー！

いや、期待するな（笑）。何、ちょっとあり得ると思ってんの？　対談の中のジョークです。

あ、そうなんすか……。

無理でしょ（笑）。急に、すずちゃんに電話して「ちょっと、後藤バーに出てもらえますか？」って。

いや、だめか……。

「だめか」じゃないよ（笑）。あとこの本の発売日、一緒にインスタライブしよう。トレンド入りさせましょう。

うわ。これすごいですよ。売れますよ！

いつもインスタライブに出てもらってるお礼ですよ。あんなに盛り上げていただいて。

いや、頑張って書きますよ、原稿……実はまだ7本足りてないんですよ。

まだ終わってないの!?

何書けばいいですかね……。

いろいろな後藤さんに会いに行ったりすれば？　巨人の後藤（孝志）さんに会いに行くとか。

三塁コーチに会いに行くんですか……スリーベースヒット打たないとじゃないですか。

そうそう。その前に試合出ないといけないよ。まず、巨人に入団して、レギュラーになんなきゃいけないですよ。

で、スリーベースヒット打たないといけないっすもんね。

難しいだろうな。後藤コーチも突然「僕も後藤です」って言われて戸惑うでしょうし。

はい。特に聞きたいこともないですし。

やめろ（笑）。

ムロツヨシ

1976年神奈川県生まれ。99年に作・演出・出演した独り舞台で活動を開始。現在は映画、ドラマ、舞台と各方面で活躍中。2008年から始めた舞台『muro式.』では、脚本・演出・出演もしている。台本やエッセイの他、盟友との対談なども収録した初の著書『ムロ本.』は絶賛発売中。

これまでの

小 学 生 後 藤

小 学生の時に僕がめちゃめちゃハマっていたものがあります。

それはスーパー戦隊です。スーパー銭湯より好きでした。

幼稚園の頃からずっと好きで、小学生の頃も６年間毎週欠かさず見ていたのですが、小学３年生あたりから男子あるあるだと思うのですが、見ていることが少しダサく思われる風潮があるのです。

クラスの男子全員が、「スーパー戦隊？　見たことないなにそれ」「仮面ライダー？　なにそれ面白いの？」みたいな顔をしだすのです。全員絶対に見てるのにです。

最初は「あれ、見てるのは僕だけなのか」と思い、僕も「スーパー戦隊は見ていない」とみんなに言っていました。めちゃめちゃ見てるのにです。

３年生の時に一番仲良かった「山ちゃん」という男の子がいました。

　山ちゃんはその頃からレスリングをやっていて、学年で一番ガタイがよくて頼もしい男だったのですが、山ちゃんも、スーパー戦隊も仮面ライダーも見ていない、とずっと言っていました。

　そんなある日、山ちゃんの家に初めて招待されました。お母さんに渡されたお菓子を持って山ちゃんの家に行きました。
　山ちゃんのガタイとはかけ離れた、スラッとしたマンションのエントランスで山ちゃんが待っていました。
　一緒にエレベーターに乗り、家のリビングに入ると、僕の目に飛び込んできたのは、テレビの前にザラッと並べられたスーパー戦隊のフィギュアでした。
　隣の山ちゃんに視線を向けると、山ちゃんもそのフィギュアを見ていました。
　しまった、隠し忘れた、の顔をしてうっすら汗をかいていました。

　僕は真っ先にそのテレビの前のフィギュアに触れたかったのですが、僕も山ちゃんに「スーパー戦隊？　見てない。なにそれ。スーパー銭湯なら行ったことあるけど」と

かって言ってしまっていたので、安易に触れることはできません。

このフィギュアに触れて、僕がスーパー戦隊を見ていることがバレてしまったら危ない。なにも危なくないのに、僕はそんなふうに思っていました。

台所から山ちゃんのお母さんが、「いらっしゃい。今飲み物出すからね、待っててね」と声をかけてくれました。

飲み物を飲み、「とりあえず遊ぼう。なにして遊ぶ」と山ちゃんが言ったので、僕は仕掛けました。「あのテレビの前のなんか赤いやつと青いやつとあとあれ何色だ黄色？の人間の形したあのおもちゃで遊ぼうよ」

あたかも全然知らないみたいなフリをして、そのフィギュアを指さしました。頭の中ではマジレッド、マジブルー、マジイエロー、とスラスラ言えていました。

山ちゃんはそれを聞いて「あ、あれ？　あれなんだろう。分かんないけどいいよ」。

嘘だろ。ここまできてもまだ見てないで行くつもりかよ、と思いましたが、探り探りのままそのマジレンジャーのフィギュアでの遊びが始まりました。

　先攻は僕が行きました。「じゃ、じゃあパンチ」

　山ちゃんが後攻で「じゃあキック」。

　僕はもちろん、山ちゃんもきっと技名が頭にスラスラでてきているはずなのに、2人してパンチとキックしかしない総合格闘技みたいな遊びでした。

　もちろん全然盛り上がりません。

　どうしても山ちゃんに見ていると言わせたい僕は、勇気を出して山ちゃんに聞いてみました。「山ちゃんこのフィギュアどうしたの？　買ったの？」

　山ちゃんは焦りながら「いや、生まれた時からあった」。

　咄嗟の嘘が嘘すぎました。今年始まったスーパー戦隊のフィギュアが生まれた時からあったは、嘘すぎたのです。

　そこで山ちゃんが見ていることを確信したと同時に、山ちゃんみたいな学年一の大男が見ているのだから、学年の男子はみんな見ているとも思いました。

　僕も見ていると山ちゃんに言いたいのですが、それはダサいことだと思ってしまっている僕は「あ、そうなんだね。カッコいいね。」と心ない感じで返しました。

　すると、その言葉に山ちゃんが「カッコいいよね、そうだよね、カッコいいよね！」テンションがあがって言いました。

　認めたかバカめと思い、「う、うん」と答えました。

「毎週やってるスーパー戦隊見てるんだ」と山ちゃんは自白しました。

　自白もなにも悪いことはしていない。山ちゃんに「後藤くんも絶対見たほうがいいよ」と言われました。

　申し訳ないが見ている。絶対にお前よりも見ている。

　そう思いながら、「じゃあ来週見てみよっかなぁ」と適当に返し、家を出る前にお母さんから渡されたお菓子の袋を思い出しました。

　僕は山ちゃんに「お菓子持ってきてるから食べようよ」とフィギュア遊びを切り上げ、僕は山ちゃんの家のテーブルに、お菓子の入っている袋をひっくり返しました。

　マジレンジャーソーセージが２つ入っていました。

中 学 生 後 藤

僕は中学校に通っているときが一番楽しかったです。野球部に入ったおかげで友達も多く、休みの日も野球部のみんなと遊んだりしていました。ですが、僕のありえない行動でクラスのすべての友達を一気に失いかけたことがあります。

それは中学３年生の夏の合唱コンクールの時の出来事です。

僕は合唱コンクールが大嫌いでした。

僕の通っていた中学校は人数が多く、各学年12クラスほどありました。

各クラス40人ほどなので、合計で言うと約1500人です。

その数から僕のクラスの人数を引いた人数の前でなぜ熱唱しなければならないんだ、と。この日に向かって時間が過ぎていくのが嫌でたまりませんでした。

しかも僕はクラスの男子で唯一アルトのパート。

　周りの男子はテノールかバスのパートなのに僕だけアルト。

　クラスに一人はいませんでしたかねそういうやつ。女子とパート分け練習している男子。それ僕です。

　そしてこれまた厄介なことに、僕のクラスは合唱コンクールに命を懸けるタイプのクラスでした。

　その日の授業が終わって、みんなでそのまま残って歌の練習をしてから部活に遅れていくことを許されていたくらい合唱コンクールガチ勢のクラスで、その歌の練習がこの世で一番嫌いでした。

　早く部活に行きたい。

　先生に怒られながら野球がしたい。

　そんな風に思っていたのはあの期間くらいです。

　僕の学校は部活の終わる時間になるとビートルズの「レット・イット・ビー」が流れるのですが、部活が終わり、その曲を聴きながら帰る時間が一番好きでした。

　早く「レット・イット・ビー」が聴きたい。そんな風に思いながら歌の練習をしていたのでたまに「レット・イット・ビー」を歌っちゃったりもしていました。

　そして合唱コンクール2日前の練習の時に事件は起きたのです。

　僕が女子に交じってアルトパートの練習をしていた時に、バスとテノールを練習している男子の方がやけに盛り上がっていたのです。

　どうやら一人の男子生徒が体操着を裏表に着ていたみたいです。

　そんなことで大盛り上がりできる中学生。愛おしいですよね。それを見て女子もみんな交じって、みんなで大盛り上がりしました。

　そんなときです。「ちょっとみんな！　なに遊んでんの」そう声を荒らげたのは、指揮者のカイという男子でした。

　カイは男子からも女子からも人気のあるイケイケの子でした。そんな子がブチギレたもんだから、盛り上がっていた教室は瞬く間に静寂に包まれました。

「合唱コンまであと2日だよ！」とカイは再び声を荒らげました。

　僕はなんでクールまで言わないんだよ、と思いながらカ

イの事を見ましたが、周りのみんなは反省した目でカイを見つめています。カイは続けて「もうこんな遊んでるなら合唱コン出るのやめよ！」と叫びます。

　僕はなんでクールまで言わないんだよ、と再び思ったのと同時に、出るのやめれんのかよ、と思いながらカイを見ましたが、周りは反省した目でカイを見つめ続けています。「もう時間もないんだよ！」そう言ってカイは黒板の上にある時計を指さしました。

　指揮者が急に右手を掲げるもんだから、僕は閉じていた足を広げそうになりましたが、なんとかこらえました。

　そこでその日の練習は終わり、みなそれぞれの部活に向かいました。

　そしてその日の部活も残りわずかで終わるころに、同じクラスのサッカー部の子が僕のところに駆け寄ってきて、みんなでカイに謝ろうと言ってきました。

　めんどくさいとも思いましたが、みんなで行くという言葉に僕は弱く、顧問の許しを得てカイのもとに向かいました。

　急に現れた約40人の姿にカイは低い声で「なに」とい

うと、みんながカイに「ごめん」と立て続けに声をあびせます。

　僕も周りの声にかき消されるくらいの声量で謝りました。

　すると「俺はみんなと一緒に優勝したいんだよ。みんなの歌声を本気で指揮したいんだよ」とカイが言ったと同時に、校内のスピーカーから「レット・イット・ビー」が流れ始めました。

　死ぬほど笑いそうになった僕は、慌てて右腕で顔を覆い隠すように下を向きました。

「レット・イット・ビー」を背に、カイの熱い言葉は続きます。

　今じゃない、頼むやめてくれ。笑ったらクラスから永久追放だ。

　帰りの放送を担当している生徒を恨みながら一生懸命笑いをこらえました。

　自分の笑いがおさまったと思い顔を上げると、真面目な顔でカイの話を聞くほかの生徒の光景が目に入ったのと同時にサビに入りました。

　こらえきれなくなり僕は吹き出しました。

　冷たいみんなの視線とカイの驚いた視線。

　終わった俺は完全に終わった。

　そんな僕にカイは一言「テノールだ」、そう言いました。

　どうやら僕の吹き出したときの音がテノールの高さだったようです。

　カイ以外の全員がハテナを頭上に浮かべているなか、カイははしゃぎます。

「アルトの練習いらなかったね。テノール練習しよう」

　そして僕は次の日テノールを練習しました。

　迎えた本番。

　カイが手を上げた瞬間、あの時の出来事がフラッシュバックして、伴奏者を脇に、約1450人の前で歌っている間、僕は笑いをこらえきれず、最高の笑顔で歌い切りました。

　その結果、学年の中で見事優勝。

　よかった。

　優秀な指揮をした子に贈られる指揮者賞。

　ゆうや。

　だれ。

高校生後藤

僕は全く高校生活を楽しむことはできませんでした。案の定、高校の卒業アルバムに僕の心から笑っている写真はありません。

修学旅行の思い出もほとんどありません。

部活もやっていなかったので、アルバイト祭りでした。学校の後バイトに行って土日もバイトに行って、使うことのないお金が貯まっていく一方でした。

中学生の時に仲良かった子達もみんなバラバラの高校に行ってしまったので、学校に行ってもあまり話の合わない人の方が多く、友達は少数でした。

女子の友達はわりと多い方だと思っていたのですが、その女子の友達は、みんな体育の授業の男子チーム対女子チームのバレーボール対決で、僕が女子チーム相手に25連続サービスエースを決めたことにより周りからいなくなってしまいました。

そんな孤独極まりない僕でも、好きな行事がありまし

た。

　それは体力測定です。

　僕の高校にはヤンキーがわりといました。

　ヤンキーと言ってもちゃんと学校にくるヤンキーです。根底は真面目かと思います。

　そんなヤンキー達に体力測定の結果で勝つのがちょっと嬉しくて好きでした。

　50メートル走の測定をする時に同時に2人で走るのですが、僕と一緒に走るのはなかなかガタイのいいヤンキーでした。

　これはいい機会です。

　体力測定の50メートル走は他の生徒も結構見ている。この場でこんなヤンキーが僕に負けたらどんないじられ方をするのだろうか。

　いろんな想像をしながらスタート位置に着きます。

　よーいどん。の合図で僕とヤンキーはスタートを切りました。

　僕がゴールしてから10秒くらいしてからそのヤンキーはゴールしました。

　なにかがおかしいと思い、ヤンキーの方にグッと目を向けると、なんとそのヤンキーはサンダルを履いて走っていたのです。

　僕はその時に、こいつめちゃめちゃ頭いいんじゃないか、と思いました。

　サンダル保険に入会していたのです。自分の足の遅さを理解した上でのサンダル保険。

　サンダルを履いていれば自己ベストは出ない。

　靴を履いて臨んでも自己ベストは遅い。恥をかく。

　ならば自己ベストを出さずに走り切ればいいんだ。

　予習の賜物です。

　そのヤンキーの思い通りに、周りも「サンダルだったらそりゃそうだろ〜」みたいな感じだったので、足の遅いいじりをされていませんでした。

　これは一本とられた。なんならスニーカーを履いて全力疾走した僕の方が、少しダサく見えているんじゃないか、どうかしてた高校時代はそんなふうに思ったりもしてました。

　サンダル保険ヤンキーに外の競技で勝ったってなんの意

味もないので、室内の競技で何かしら勝つことにしました。

　握力の測定の時は男子は全員、ただでさえ短い体育着の袖を肩まで捲り上げます。中にはパンプアップしている奴もいます。

　握力ってパンプアップ関係あるのかな。

　色々考えながら僕は握力計を握りました。

　9キロでした。

　高校史上最弱を叩き出してしまいました。

　これで終わりたくない。何かで勝ちたい。あのサンダル保険ヤンキーに正式な記録で勝ちたい。

　最後の測定は長座体前屈でした。

　長座体前屈で正式に勝ってやる。

　上履きに履き替えたサンダル保険ヤンキーが、まず長座体前屈に臨みました。

　50センチでした。

　五十音順で次が僕でした。

　51センチでした。

　高校時代の僕を一言でまとめると、サンダル保険ヤンキーよりちょっと柔らかかったです。

帰郷後藤

僕 の出身地は岩手県大船渡市です。
出身地と言っても生まれてすぐに埼玉県朝霞市
に引っ越してきたので育ちはずっと埼玉です。

だがしかし、僕は出身地を聞かれたら間髪容れずに岩手
ですと言ってます。

岩手には母親の実家である祖父母の家があるので、学生
時代の夏休みは基本的に岩手県に帰っていました。毎回車
で高速道路を使わずに、母親の運転で17時間かけて帰っ
ていました。その道中が僕は大好きでした。

深夜の2時ごろに起きて埼玉の家をでて19時ごろに岩
手県に着きます。高速に乗ると8時間ほどで着きますが、
一般道が大好きな僕と姉と母の強いこだわりにより、毎回
下道で帰っていました。一般道にはいろんな店があるから
好きなんです。

まずは7時ぐらいまでノンストップで運転してもらいま
す。ノンストップと言っても信号が黄色だったら止まりま

す。赤だったら必ず止まりますので安心してノンストップでこのまま読み続けてください。

　そして7時あたりでマクドナルドが見えてきます。そこには毎回寄っていました。そして朝マックを食べるのです。

　休憩です。僕と姉と妹は5時間ただ寝ていただけですがね。

　起きてようとはもちろんします。走り出しは今日は17時間起き続けると毎回意気込むのですが、母のお気に入りの福山雅治のベストアルバムが流れ出すと、気が付けば3人眠ってしまっています。

　母にもマクドナルドの時点では疲れは見えません。

　福山雅治の力は偉大です。

　朝マックを完食し僕は母の真似をしてコーヒーを飲みます。あのタイミングでなぜカフェインが欲しくなったのかは今考えるとよくわかりません。

　マクドナルドをでると妹と姉と僕はまたもう寝ないと意気込みます。母と堅い約束を交わし、またそこから5時間、母はハンドルを握りアクセルを踏みます。もちろんた

まにブレーキも踏むので安心してください。

　その間は僕らの見ているアニメの曲が流れます。カフェインの効いた僕はノリノリで歌っているので、眠気なんかまったくありません。

　母にこのタイミングで毎回言っていました。

　今年はいけると。寝ずに大船渡に着けるぞと。

　アニソンメドレーが一周すると母の福山雅治のベストアルバムがかかります。妹と姉は一瞬で眠りにつきました。

　まだまだだなと寝ている二人を横目にカフェインを無視した僕の脳と体も一瞬で眠りにつきます。とんでもない子守唄です。

　約4時間眠って13時ごろになると車はブックオフに着きます。そこのブックオフは本やゲームだけではなく昔のおもちゃなども置いてあり、まさに楽園でした。

　そこで安くなった岩手で遊ぶためのおもちゃを買ってもらい、わくわくで車に乗ります。

　そこでもう一度母に意気込みを伝えます。

　もう大丈夫だと。

　こんなにわくわくしているんだからもう眠るわけない。

　そう言い放ち助手席に座ります。

　母はみたび運転席に座り前方を一心に見ます。もちろん車線変更などの時はバックミラーやサイドミラーを見ますので安心してください。

　おもちゃを両手に好きなアニソンを聴きます。妹と姉、そして僕はノリノリです。

　これは大丈夫だ。いける。

　そう思いながら一周するアニソンメドレーそのあとに待っているのは福山雅治ベストメドレーです。絶対に寝ないと心に決めて福山雅治のベストメドレーを聴きます。

　ちょっとしたら大船渡に着きました。それ見たことか。

　大船渡に着くとまだいつもにまして辺りが明るかったので、買ってきたおもちゃをもって外で遊びました。

　楽しい楽しすぎる。

　そう思っていると、夜になった大船渡に再び車が着きました。

　あれ、なにが起こったのかな。

住まう

三茶後藤 ①

秋 が終わって冬が始まる。その感覚は人それぞれで
よくないですか？　後藤です。

　そんな僕ですが一人暮らしをして1年が経とうとしてお
ります。僕がお世話になっているこの三軒茶屋ですが、か
なり気に入っております。

　なぜ気に入っているのか、どんなところを気に入ってい
るのか。

　安心してください、いまから書きますから。

　三軒茶屋を気に入っている理由は、カッコつけた言い方
をすると渋谷が近いから、ですかね。

　ごめんなさい嘘なんです。僕、渋谷にあんまり行きませ
ん。

　でも三茶に住んでると言うとたまにこう言われるんで
す。「三茶いいよねー、渋谷近いし」。この言葉がなんだか
気に食わないんです。たしかに渋谷は便利ですが、みんな
にとって中心だと思うなよって思うんです。

　しかも三茶を気に入ってる理由として他の地名が出てくるのって、失礼じゃないですか？

　例えば自分がＡちゃんと付き合ってるとして、友人にＡちゃんと付き合ってるって言ったときに、「Ａちゃんいいよね、Ｂちゃんと仲いいし」って言われたら、はぁ!?　という風になりませんか。みんなのアイドルＢちゃんと仲良くなりたいからＡちゃんと付き合ってるみたいな。

　失礼ですよね。それと一緒なんです。

　三茶を好きな理由として渋谷が近いと答える人はひどい人です。

　じゃあ渋谷に住めよ！　そう言い放っていいと思います。もめたくなかったら、なるほどねーと言っておけばいいと思います。

　僕が三茶を好きな本当の理由は二子玉（二子玉川）が近いからです。二子玉が本当にいいところで大好きで、少し時間が空くとお邪魔してます。駅前にお店がたくさんあって、映画館もあって、すこし歩くと大きな川も流れてるんです。最高ですよ。

　え、なんですか？　じゃあ二子玉に住めって？

　いやいやそれは違うんですよ。少し時間をかけて行くからいいんですわ。三茶に住むのは最高なんですよ。二子玉も渋谷も近いしで。

　三茶の好きなところはまだまだあります。芸人のお友達がたくさん住んでいるところです。

　すみません、またカッコつけてしまいました。

　嘘です。たしかに周りに住んでる芸人多いですが、別にそこは関係ありません。

　でも三茶に住んでると言うと、たまにこう言われるんです。「三茶いいよねー。芸人いっぱい住んでるし」。

　この言葉も気に食わないんです。暇さえあれば芸人と飲んでるみたいな。たくさん遊び回れるみたいな。

　三茶を好きな理由に他の人も住んでるって意見て、三茶に失礼じゃないですか？

　例えば自分がAちゃんと付き合ってるとして、友人にAちゃんと付き合ってるって言ったときに、「Aちゃんいいよね。芸人たくさん住んでるし」って言われたら意味わからないじゃないですか。Aちゃんが何股もしてるのかなとか変な考え方とかしてしまうじゃないですか。だから気に食わないんです。

　僕が本当に三茶が好きな理由は、芸人さんがたくさん遊びに来てくれるからです。時間があって連絡すると、誰かしら来てくれるので毎日楽しいです。

　三茶を好きな理由はもっともっとたくさんあるのですが、三茶って呼び方、少し失礼ですよね。

　え、誰に失礼なのって思われた方たくさんいると思います。

　誰に失礼かというと「軒」と「屋」です。

　三茶三茶ってみなさん略しますよね。僕も略してしまってました。

　これやめにしましょう。三軒茶屋なんです。

　最寄り駅どこって聞かれたら三軒茶屋ってちゃんとみなさん答えてください。三茶じゃだめです。三軒茶屋です。マストで全員です。

　練習しましょう。

──最寄り駅は？

　三軒茶屋。

　いま声に出しましたか？　ここだけ音読マストです。よ

ろしくお願いします。

　みなさんの最寄り駅は三軒茶屋です。三茶じゃありません。三軒茶屋です。ばっちりですありがとうございます。

　すみません、大切なこと思い出しました。

　これあれですね、東京から離れたところで読んでくれてる方、全然ぴんと来てませんよね。

　そもそもどこだよって人いますよね。

　そうですよね、すみません。

三 茶 後 藤 ②

こ こからは地図帳とセットでお楽しみください。す
みませんでした。

三茶にはですね、あ、失礼、三軒茶屋にはですね、三角
地帯という場所があります。

駅前にそびえたつカラオケ屋さんがありまして、そのカ
ラオケ屋さんを頂点に両サイドに二つの道路が敷かれてい
ます。世田谷通りと国道246号線です。カラオケ屋さんの
裏側の世田谷通りと246号線に挟まれた場所辺りが三角地
帯と呼ばれています。たぶん。めちゃめちゃたぶんです、
ごめんなさい。まだ1年なのでなんとなくその辺りという
認識で暮らさせてもらっています。

そこの三角地帯がですね、僕もたまに行かせていただく
のですがすごいんですよ。

たっくさんお店があります。めちゃめちゃあります。バ
ーもたくさんありますし、銭湯とかもあるんですよ。立ち
食いのたこ焼き屋さんとかもあります。すごくいいところ
なんですよ。

　でも僕、三角地帯行くのをもうやめようと思ってるんです。

　三角地帯にはよく芸能人がいるらしいんですよ。僕も何度も見かけたことがあります。三角地帯に来る人のなかには、芸能人を見に来ている子もいるみたいです。

　三角地帯を歩いてるときに女の子二人組が「今日は誰もいなかったね。残念だね」。そんな会話をしていたのが聞こえたことがあります。まるでいるのが当たり前のような。

　ツイッターで「今日は東京旅行最終日です。三角地帯に行こうと思っています。芸能人に会えるかな」。こんなツイートを見たときにもう行くのやめようかなって思ったんです。

　そういう人に会うのがめんどくさいからとかそういうことじゃないんです。自分のことを別に芸能人だともあんまり思ってないです。まだまだ有名じゃないので。

　でも仮にそのツイートをした子が僕のことを知ってくれていて、三角地帯で出くわしたとしますよね。自分がその

子だった場合のことを考えてみてください。少し遠い場所から東京に旅行に来て、芸能人を見るために三角地帯に行きますよね。それで僕に会うんですよ。

がっかりしませんか？

きっとその子が想像してる芸能人っていうのは、バーでおしゃれに飲んでるバンドの方とか俳優の方とかアイドルの方とか、そういう方たちだと思うんです。そういう方々に会えるかなぁと意気込んできてみたら、実際会ったのはたこ焼きを立ち食いしている四千頭身の後藤ですよ。

絶対がっかりしますよね。なんとなく知ってるくらいの芸人がたこ焼き食ってるんですよ。むしろ会わないほうがよくないですか、そんなのだったら。

そんな想像をしてしまいまして、最近は三角地帯に行ってません。

あのツイートをした子がおしゃれに飲んでる芸能人の方に会えてますように。

三角地帯にそんなに行かなくなってから、よく行っている場所があります。

それは駅前のカフェです。このエッセイを書いているの

もそこです。少し時間があるときにフラッと寄ってコーヒーを飲むんです。外はいい天気で最高です。

　このエッセイを書きながら思ったんですけど、近くに大きいカラオケ屋さんがあるんですよ。このカフェはそのカラオケ屋さんの裏にあるんですよ。

　気づきました？
　そうですよね。ここ三角地帯じゃん。
　このカフェで何度か声をかけられたこともあります。何人かがっかりさせてる可能性がありました。急いでお会計してきます。

　危ない危ない。帰ってきました。帰って来てもここは三軒茶屋です。落ち着くなぁ、三軒茶屋。
　そういえばこの間、テレビ局で女性のメイクさんにメイクしていただいてるときに、この間三軒茶屋のどこどこのスーパーにいましたか？　と聞かれました。それは僕が一番よく使っているスーパーでした。

　即答しました。はい、いましたと。家近いんですね、私もその辺なんですよ、と言っていました。

　メイクさんは綺麗な方ばかりなので嬉しかったです。そんなこと言われたらもう三軒茶屋から出れないんですけど。

「そういえば」から始まる話のクオリティなんてこんなもんですよ。だってそういえばで始まってるんだから。思い出したから喋ってるレベルで聞いてくれないと。

　さて、僕が住んでいる三軒茶屋についていろいろ書かせていただきましたが、本当にいい街です。渋谷が近いですし、芸人たくさん住んでますし、三角地帯に芸能人いますし、僕の最寄りのスーパーにメイクさんも来ます。

　上京を考えてる方や次の引っ越しの場所に困ってる方がいらっしゃったら、本気でおすすめです。スーパーにメイクさんが来るので。

　ぜひ三茶に住もう。

　失礼、三軒茶屋。

ステイホーム後藤 ①

お久しぶりです。
　会ったらまずお互い最初に、久しぶり。と言わなくちゃいけない人がほとんどになりました。

　そんないろんな人に久しぶりと言える日すらいつくるんでしょうか。

　久しぶりと言うはずがないほど会ってた人にも全く会えない。

　早くいろんな人に会いたいなぁと、そんなことばかり考える日々です。後藤です。

　いま皆さんと同じようにおうち時間が増えた後藤ですが、まず最初に伝えたいことがあります。

　僕5キロ痩せました。家での運動が大切というニュースを見てなんとなく筋トレとヨガと踏み台昇降を始めてみたのです。

　これがなんと1ヵ月続いたんです。

　夜の空いた時間にYouTubeでやり方を見ながら筋トレ

をして、そのあとドラマを見ながら踏み台昇降をするんです。踏み台昇降は高さ25センチくらいの踏み台を上り下りするだけなので簡単なのですが、たまにドラマに見入りすぎて足を踏み外し、信じられないコケ方をすることもあります。

　バレーボールのリベロってポジションあるじゃないですか？　ボールをとったり守備職人的な。

　たまにとんでもない跳び方をしてボールとったりするんですよ。あんな感じの躍動感で1人コケてます。

　その見てるドラマはＳＦ系なのですが、エイリアンが出てきたタイミングでコケたときはもう終わっちまったと思いました。

　大丈夫です。終わってなかったです。

　最近はサウナスーツというものを購入したのでそれを着て踏み台昇降をするのですが、これが本当に凄くて、全身ビッショビショになるんです。終わると足元に池ができてるほどです。2リットル汗をかくんです。

　これ本当です。終わって体重を量ると2キロ減ってるんです。

　ね。2リットルでしょ。

　始める前は服を着て量って、終わったときはすぐ服を脱いで量ってますがそれはあんまり関係ないと思います。なかなかの厚着でしたが全く関係ないと思います。

　そしてそのあと長いことお風呂に入るんです。

　最近はヴィーナスブーケの香りの入浴剤を入れています。

　ヴィーナスブーケという言葉を最近よく使うので「v」とパソコンで打つとすぐ予測変換のところにヴィーナスブーケと出てきます。楽です。

　ヴィーナスブーケのお風呂に浸かりながら本を読んでいます。「小説現代」で連載させてもらっていることもあり何か読んでみようと思い、風呂読書を始めたんです。音楽を流しながら。

　しかしですね、これなんででしょう。本を読んでたはずなんですけどね、気づいた時には歌を歌ってるんですよ。

　あれと思ってもう一回、無意識に目でたどってた活字を読み返すんです。気付いたらまた歌ってるんです。音楽を聴きながら読書は読書上級者がやることなのかもしれませ

ん。早く皆さんに追いつけるように頑張りますね。

　お風呂から上がって5分以内にヨガをします。ヨガもですね、YouTubeでヨガのインストラクターさんを見ながらやるのですがまぁこれが気持ち良くて。流行ってる意味がわかります。

　僕の好きなポーズは猫の伸びのポーズです。

　四つんばいになって前の方に両手をつくんです。

　両手ついてください。

　ほら、やってみて。

　両手をつきます。

　胸を床に近づけます。

　あれ、文字でのヨガの説明むっちゃ難しい。

　ごめんなさい一回戻ってくださいこれやめます。

　ビックリした。

　二度とやりません。ヨガは映像で見るもんでしたわ。

　ヨガを約9分です。それが日課になりました。

　そしたら5キロ痩せました。継続って大事ですね。

　自粛期間前は遅くまでお酒を飲んだりする日も多く、こんな規則正しい生活は送れていなかったので、生活習慣を

見直せていい時間にできたかなと思います。

　それ以外の時間では最近熱帯魚の水槽の掃除をしました。

　これがまた大変でですね、30分で終わらそうと考えていたのにもかかわらず2時間かかったんです。コケがこびりついていて取れないんです。お友達に聞くところによると同じ水槽に石巻貝を飼うとそのコケも食べてくれるらしい、とのことなので飼うことを決意しました。

　とはいえ仕事とスーパー以外の外出は控えているので、スーパーに一応。本当に一応行ってみました。もちろん食用の貝しかありませんでした。

　そんなことわかっているのになぜか行ってみてしまう。

　不思議です人間。

　あ、みんながそうじゃないんですね。

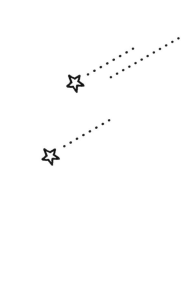

ステイホーム後藤 ②

　自粛中、野球ゲームにハマりました。後藤です。

　この野球ゲームの監督モードというモードが面白くて面白くて。今はジャイアンツの監督をやらせてもらってます。監督モードだと試合をしてるときはあまり操作がないので見てるだけなのですが、あれをやってるとですね、監督が腕を組んでる意味が分かりますよ。

　皆さん思ったことありますよね。

　監督ってなんでずっと腕組んでるんだろうって。

　プライベートのときも腕組んでるのかなって。

　どうやって車運転するんだろうなって。

　思うと思います。

　そんな皆さん、ぜひ監督目線でスポーツを見てみてください。気づけば腕、組んでると思います。

　これなんでだろうなって考えたんですよ。僕というか監督が腕を組む理由。調べてもみました。監督スペース腕を組む理由で。

　あ、今のスペースは宇宙という意味ではありません。監

督と腕を組む理由という言葉の間にスペースをあけたという意味です。

　あ、今のスペースも宇宙という意味ではありませんよ。スペースを空けたという説明に使ったスペースです。

　そういえば皆さん夢の国行ったことありますか？

　あのアトラクション知ってます？　スペース・マウンテン。めっちゃ面白いですよ。

　あ、今のスペースは宇宙ってことです。スペース・マウンテンていう宇宙旅行をイメージしたアトラクションがあるんです。

「　山」こういう意味ではありません。それだとスペースマウンテンなので。

　ああイントネーションという技を使って説明したい。文字むずい。

　話がそれまくりましたね。なんの話でしたっけこれ。

　あ、監督が腕を組んでる理由か。監督スペース腕を組む理由で調べたっていう話でしたね。

　そうです。調べたんです。

　そしたら少しエッチな小説がたくさん出てきました。

やめて、興味出るから。と思いながら閉じました。

今まで分からなかったんですよ。官能小説にハマる理由が。ここで少し分かりました。

官能小説が好きな人はみんな「監督　腕を組む理由」で検索かけてますわ。そこから入ってるんだなぁみんな。

ネットの力では解決できなかったので自分で考えたんですよ。監督が腕を組む理由を。

そしたらこれ正解わかったんですよ。

これなんでかっていうとですね、腕を組むと監督っぽいんですよ。ぽさなんです大事なのは。腕を組むことによって自分は監督だぞと。俺が監督なんだぞという昔の監督たちが培ってきた監督ぽさ。あれは目印なんですよ。おれ今監督やってるわって思ってるんだと思います。

普段僕は四千頭身というトリオで活動していますが、その一員である都築くんにも聞いてみました。なんで監督って腕を組むのかねと。

カッコいいからじゃない??　と腕を組みながら言いました。都築くんが監督でした。

　もう1人の一員石橋くんにも聞きました。

　とんでもないくらい無視されました。

　無視されたって書きたくてちっさい声で聞いたからかな。

　とはいえ監督が腕を組む理由も分かったので、監督モードをプレイするのはいい機会でした。

　寝る前に最近してることもあります。

　それは星を見ることです。

　安心してください。家の中でです。パンツも穿いてます。

　家の天井に星を映せるプラネタリウムを買ったんです。それを見ながら寝て、気づけば明日の朝。なかなか心地いいです。

　自粛でストレスが溜まった人も多いと思います。やりたいこと多いと思います。

　僕も多いです。野球を見に行きたいし、海にも行きたいし滝にも行きたい。

　みなさん行きたいところたくさんありますよね。

　まず最初にどこ行くと決めてますか？

　僕は絶対に最初に行くところが決まってます。

　石巻貝ショッピング。

買い物後藤

み　なさん最近買い物しておりますか。
　　今は緊急事態宣言という時期が続いているというだけあって、ネットショッピングが流行(はや)っているのですかね。

　僕もネットショッピングすることが増えました。

　最近はネットショッピングでラムネをたくさん買いました。ラムネをたくさん食べてブドウ糖をとって頭の回転を良くしようという作戦です。

　ラムネは海外のオフィスでは全員のデスクに置いてあるようです。海外のオフィスのデスクに常備されているラムネをネットショッピングで購入したので、僕はもうほぼ海外の人間と言っても過言ではありません。

　ちなみにラムネって飲み物じゃないですよ、食べ物の方です。

　飲み物もありますよね、ラムネ。

　小さい頃よく飲んでいたなぁ。お祭りに行くと必ず飲んでいました。あれ全員飲んでいましたよね、お祭りに行っ

てたまたま友達に会って、おおおってなって握手をすると
みんな手がベタベタになっていました。

　ラムネの瓶の中のビー玉を簡単に取り出せるやついまし
たよね。ビー玉を取り出せるだけで英雄になれた時代はあ
の時期だけだと思います。あんなに取りにくいとされてい
るビー玉この世には他にないですよね。

　いかんいかん、ラムネで頭の回転が良くなったのかラム
ネの話をたくさんしてしまいました。失敬。

　それと最近ネットショッピングで購入したのはシロック
というウォッカ、お酒ですね。

　これがまたすごいんです。おちょこでストレートでクッ
といくとですね、バイブスがね、あがっちゃうんですよ。
後は寝るだけの時間になった時にそれを飲むんです。

　あ、ダメだ。この話は広がらない。お酒は頭の回転が良
くなりませんからね。程々に。

　すごいことに気が付きました。買った商品に応じて話の
広がり方が変わっていますね。頭の回転が良くなるものの
話をしたらものすごく話が広がって、思考停止するものの
話をしたら話が広がらなかったです。こりゃすごい。

　じゃあ次はネットショッピングではなくてリアル店舗で買ったバーカウンターの話をしてみましょう。バーカウンターを買った？　となる人も多いと思います。アンティーク家具のバーカウンターを大塚家具様で購入させていただいたのです。

　55万円しました。まじゴジラですよね。ゴジラというのは元巨人の松井です。

　皆まで言うな。誌面の向こうからそう聞こえてきました。

　僕は野球が大好きでして、特に巨人が好きなんです。

　そんな中でも永久欠番である14番をつけていた沢村栄治投手。これは伝説の選手です。僕は記録しか知りませんが永久欠番という今後つけることのできない背番号をつけていた選手は数少なく、まさに殿堂入りなのです。今でもすごい記録を出したピッチャーには沢村賞が贈られるというくらいものすごい選手で大好きであります。僕もつけたいお笑いの永久欠番を。

　やっぱりだ。

　僕が買ったバーカウンターは1930年代のアンティーク家具。沢村栄治投手が現役で活躍していたのも1930年代が中心。お話はその商品に隠されていたのですね。僕はネットショッピングや大塚家具様で商品と同時にお話を購入していたようです。

　今さっき水を買ってきました。水ってものすごい美味しいですよね。軟水と硬水がありますけど一体何が違うのか僕は全くわかりません。

　モデルさんは一日に水を2リットルくらい飲むらしいですよ。なんでかはよくわかりませんが。

　水の話をしたらなんの中身もない、まさに水のような透明感のあるお話になっちゃいました。

　気付きました、ただのこじつけでした。

　まさに水の泡。

出会い

歯医者後藤

　どうもおはようございます。朝に書いております。洗濯機を回しております。

　こう見えて最近ありがたいことに、いろんな仕事をいただけるようになってきました。まぁ文字なんでどうにも見えてないと思いますけど。

　そんな中、この間お久しぶりに休日がありました。その日は本当に久しぶりの休みだったので朝起きて「おはよう」じゃなく「久しぶり」とその日に挨拶しました。

　さて何しよう、そうなるわけです。休みの過ごし方を忘れてしまったのです。

　休みの日は何するんですか、と聞かれると、まぁ映画とか見に行きますね。なんて誠実なサラリーマンみたいなアンサーを返してましたが、本当に映画を見に行く気にはならずボーッとしてました。

　起きたのが10時くらいでした。11時くらいまでボーッとしてました。とりあえず歯を磨いてみるかと歯を磨いて

みました。

　するとふと感じました。歯医者行ってないなぁ、と。

　これだと思いました。そうだ歯医者に行こう。当日予約が取れた歯医者に行きました。

　後藤様どうぞ、呼ばれて椅子に座ると女性の歯科医師さんがあらわれました。

　小さくガッツポーズしました。ここからなんと僕に興味があるのか、女性歯科医師さんが質問攻めしてきたのです。この歯医者に来るのは何回目ですかとか、最後に歯医者行ったのはいつになりますかとか、どっか気になる部分はありますかとかとか。あまりの積極性に拍手を送りそうになりました。

　しかしどの質問に答えても、決まって返事は「分かりました」と冷たいものでした。聞いといてなんだ、と思いながら会話を進めていきました。

　そして今日はどうされました？

　やっと本題を聞いてきたので健診です、と答えました。

　これにも分かりましたと返してきました。シャイガールでした。

　シャイガールの健診が始まりました。

　まず歯のレントゲンを撮るとのことで、部屋を移動すると変な機械で顔を挟まれました。シャイガールのわりに積極的でした。

　撮り終わって説明を受けると、親知らずが4本生えているとの事でした。多分僕のことが好きなシャイガールは少しもひいた目をせず、一緒に治していこう。そんな目をしていました。通院を決意した瞬間でした。

　この日は歯のクリーニングだけしてもらい、名残惜しくもお別れしたら時間は13時、2時間しか経っていませんでした。

　もう一回シャイガールに会いに行くのもありでしたが、シャイガールの左手の薬指の飾り物を思い出して、グッと堪えました。

　お腹も空いてきたのでご飯を食べる事にしました。

　しかし綺麗になったばかりの歯をどうしても汚したくなかったので、なるべく歯を使わずに納豆ご飯を蛇のように食べました。

　それでもまだ13時半です、ご飯って思ってるより時間

経ってないですよね。

　そこでなんと夜ご飯のお誘いがきました。テレビのスタッフさんです。20時に恵比寿に集合との事でした。
　恵比寿ですわ。テレビ関係者はすーぐ恵比寿。
　20時まで何しようかなぁと考えて一瞬だけ目を瞑りパッと開くと、そこにはもう19時の日本が広がっていました。

　不思議な話です。回していた洗濯も終わっていました。
　あの時僕に何が起きたのかは今でもよくわかっていません。そして恵比寿に行きスタッフさんと食事をしました。
　どこの局のスタッフさんかはプライバシーの関係で言えないのですが、めちゃめちゃ楽しかったです。いや、めちゃ×2楽しかったです。イケてました。

　こうして後藤の休日は終わりました。
　これで休みの日は何してるんですか、という質問に嘘を付かずに、歯医者に行って納豆ご飯を蛇のように食べたあと恵比寿に行きます、と答えれます。
　よかった。

年 越 し 後 藤

2021年、あけましておめでとうございます。

　え、待てよ後藤、ちょっとちょっと後藤、もう2月だぞ後藤と。そんな声がこちらまで聞こえております。

　そうですよね。こちらはたしか2月号。

　ですが皆さん、掲載が2月号なだけでこれを書いているのは年明けたばかりの後藤なんです。それが締め切りです。

　ゆるくやらさせてもらってます。ありがとうございます。

「小説現代」さん今年もどうぞよろしくお願い致します。

　エッセイ、サイコー！

　皆さんは年越しどのような過ごし方をされましたかね。

　僕は毎年毎年家族でゆく年くる年を見ながら過ごすのが定番だったのですが、こんな時期ですし年跨ぎは1人で過ごすことに決めていました。

　しかし大晦日って1人だとあんなにやることがないんで

すね。テレビもすごく面白い番組が何個もあったのですが、なんだか1人だとテレビを見ないようになっちゃいまして。

　なんでだろうな。好きだったのになぁテレビ見るの。今あんまり見なくなっちまった。

　面白い番組が増えすぎましたね。テレビつけたら絶対面白いもん。すごいなテレビ出てる人は。

　まぁそんなこんなでテレビもつけず、暇だなぁとSNSで呟いちゃうくらい暇で暇で、そしたらある芸人が連絡をくれたんです。

　そうです。ワタリ119です。大晦日暇している僕をレスキューしてくれたんです。後藤さんいま暇なんですか！　来てくださいよ!!　と言ってくれたんです。

　家も近くだったのですぐに向かいました。そして後輩のワタリ119と岡田さんという先輩芸人の方もいらっしゃって、僕は開口一番お礼をいいました。

　本当にありがとうございます。寂しい年跨ぎをするところでした。ありがとうございます！　と。

　着いたのが22時ごろだったのでギリ間に合ったのです。

すると岡田さんとワタリが言いづらそうな顔をしながら、あの僕たち23時からオンラインの生配信ライブがあるのでその時はいなくなってもらっていいですか？　と言ったんです。

　おいちょっとまてワタリと。人を大晦日に呼んで22時から23時までだけ一緒に過ごす人なんていますか??　絶対にみんなで年越しできると思ったのに。

　結局僕はすぐに帰りました。それが僕の怒り納めでした。

　怒りという感情。2020年もありがとう。2021年はあんまり出てこないで欲しいです。

　23時20分頃に家に着いて年越しそばをやけ食いしました。それが僕のやけ食い納めです。年越しそばをやけ食いするなんて思ってもなかったですわ。結局テレビをつけるとジャニーズカウントダウンがやっていたので、一緒に歌いながらジャニーズと共に年越ししました。

　ありがとうジャニーズ。

　年が明けたらあっという間に仕事始めでした。

　なんとありがたい。深夜の２時からの生放送の日本テレビ様の大喜利の番組に呼んでいただいたのです。しかし僕はＦブロックで出番が最後の方だったので３時入りでした。自分が生放送で出る番組のオープニングを家で見たのは初めてです。何度もマネージャーさんに本当に３時入りか確認しました。正真正銘３時入りでした。

　大喜利の出番が始まりました。２位までが上に上がれる１回戦で３位でした。

　しょうもないスタート!!

　最悪!!

　優勝して今年の仕事に勢いをつけたかったのに。その生放送が終わりもう一つフジテレビ様の生放送にも呼んでいただきました。

　みんなサイコー！

　元旦の全ての仕事を終えて、初詣に行きました。

　おみくじをひきますよそりゃ。

　結果は末吉。

　ビミョー!!　そんで厄年。末吉厄年。ズッコケちゃうところでしたよ。なのでね、今年に入ってからあんまりいいことが起きてないんですよ。

　そこで気づいたんですけど、いいことって起きるんじゃなくて、起こすんじゃないかなって。

　そう思って何かアクションが必要だなと思い、少し歩いたところにあるスーパーに行ってみたんですよ。いつもと違うスーパーでなにかいいものに出会えるかもしれないと思って。

　スーパーにいると、スーツを着て買い物してる方が正面から歩いてきて、すれ違った時にその場に落ちていた袋に入ったおしぼりをおもっきり踏んで、パンッッてものすごい音を立てたんですよ。

　信じられないくらいびっくりして、うわぁ！　って言ってしまいました。撃たれたかと思うくらいすごい音鳴ったんです。

　何あの出来事マジで。袋に入ったおしぼりがそこに落ちてるのも謎だし、真横で踏むのも意味わかんないし、どんだけ空気入ってたんだよってくらい音鳴るしスーツだし。

　いいこと起こそうと思うと悪いことも起きますわ。

　これが厄年なんですかね。

　厄年だとダメですね。全部厄年を言い訳にしてしまって。もうまだ年が明けて５日しか経ってないですけど僕全

部厄年のせいにしてますもん。

　末吉も厄年のせいだし、ワタリ１１９に年越し断られたのも厄年のせいだし、高校生の時にヤンキーに殴られたのも厄年のせいだし、別に君を求めてないけど横にいられると思い出すのも厄年のせい。

　嘘です。厄年のせいにしてはいけない。

　全部僕のせいだ。ワタリ１１９に断られたのは今年じゃないし、ヤンキーに殴られたのも今年じゃない。別に君を求めてないけど横にいられると思い出すのは、僕の話ですらない。

　厄年頑張ります。本当に厄年かいなってくらいいい年にします。

　よろしくどうぞ!!

バレンタイン後藤

ハッピーバレンタイン。後藤です。
ハッピーバレンタイン後藤という芸名になった
わけではありません。四千頭身の後藤です。

バレンタインデーという日が2月14日にありますよね。
男子も女子もソワソワする日。この日にチョコをもらえる
ととても嬉しいですよね。

でもチョコをもらって本当に嬉しい日ってこの日だけじゃないですか？

チョコですよ。チョコ。もらったらそりゃ嬉しいですけど2月14日じゃない日に女性からチョコレートをもらっても「お、ありがとう」と少し戸惑いますよね。

バレンタインいらないわぁ。これがモテない男の感想です。ひねくれてますよね。

チョコレートもらえた事あったかなぁ。
覚えてません。もらったら絶対に覚えてるので絶対にもらった事ありません。義理チョコならありますけど。

　なんなの義理チョコって。義理チョコならその日に渡すなよ。そうとしか思えません。2月14日に義理のチョコ渡すって意味がわかりません。2月15日に渡せばいいのに。なんなら8月とかでもいいですわ。

　ひねくれてるなぁ。自分。嫌いだわぁ。胸を張ってバレンタインデーが好きだと叫びたい。

　そのお返しのホワイトデーという日がありますよね。バレンタインデーの思い出がない人は、ホワイトデーの思い出もありません。

　3月14日はホワイトデーであり僕の父親の誕生日でもあります。父親はその日はもらえるし、あげれるし。少し羨ましさもあります。いいなぁうお座だし。

　最近知ったのですが、ホワイトデーって日本と韓国とかにしかないらしいですよ。

　これ意味が分からなくないですか？

　ホワイトデーという文化を否定している訳ではありません。日本と韓国とかにしかないんですよ。それなのにホワイトデーですよ。

　なんでめちゃめちゃ英語やねんて思いませんか。関西の

みなさんも関東のみなさんも日本全国の読者様もそう思いませんか。ホワイトデー。めちゃめちゃ英語なのに英語を使う国にはないイベントなんですよ。それだったら白日とかで良くないですか。

　はくじつ、と読んだ人たち。キングヌーの聴きすぎです。しろびです。

　ここにて決定させてください。
　2月14日バレンタインデーです。
　3月14日は白日です。
　白日はバレンタインデーに比べて盛り上がりが少し弱く感じませんか。ホワイトデーの歌とかもスーパーで流れないし。

　誰が作ったんでしょうね、ホワイトデー。チョコもらえる日があるんだからお返しする日を作ろうぜ。という正義感の強い男性の方が作ったか、チョコをあげたんだから返す日くらい作りなさいよ。という性格悪めの女性の方が作ったのか。きっとこの2択です。
　僕は後者だと睨んでいます。なぜならその日があんまり盛り上がってないからです。

　はぁ。カッコ悪いな自分。自分がチョコもらえないからって、ホワイトデーの悪口まで言って。こんなことばっかりしてるからチョコもらえないんだろうなぁ。

　その時。

　コンコン。ガチャ。

僕「君は！　隣の楽屋の広瀬すずちゃん！」

すずちゃん「後藤さんハッピーバレンタイン」

僕「え、これ僕にくれるんですか」

すずちゃん「もちろんです。一生懸命作りました！　食べてください」

僕「ありがとね」

すずちゃん「それではまた〜。３月14日お返し待ってます」

僕「はい〜。なんだったんだいいったい。開けてみよう。手紙だ。なになに。フムフム。私と付き合って下さい〜??」

　ジリリリリジリリリリ。

　これは僕が２月14日の朝に決まってみる夢の内容です。

　興味ないフリしてるけど気になってるんだなぁ。

　カッコ悪いなぁ。

パン屋後藤

皆さんはよくパン屋さんに行きますか？　僕はパン屋さんに行く習慣はなかったのですが、家の近くに新しくパン屋さんが出来たこともあり、一度行ってみました。

すごいんですねパン屋さんて。

行ったことがない人のためになんとなく説明しますね。

めちゃめちゃパンがあります。

説明は以上です。

そこのパン屋さんで買ったパンがすごく美味しくて、僕はそこのパン屋さんに定期的に行くことにしました。パン屋に通ってる僕ってかっこいいなとか思いながら行ったりしてました。

三回目に行った時に僕はきっと運命の出会いをしました。

そうです、パン屋の店員さんに一目惚れしたのです。

一目惚れってあんな感じなんですね。よく雷がドカーン

と落ちる感じとかって表現しますが、そんな表現では足りないと思います。

　僕が感じた一目惚れを表現させていただきます。

　まず自分がキャッチャーだと思ってください。

　思いましたでしょうか。

　そしたら自分の18.44メートル先のマウンドに大谷翔平（おおたにしょうへい）がいることを想像してください。

　想像できたでしょうか。

　キャッチャーである自分は大谷翔平にチェンジアップのサインを出してください。遅い球です。

　サインを出したでしょうか。

　振りかぶる大谷翔平。

　大谷翔平はサインを見間違えていて、投げてきたのは165キロのストレート。

　ビックリしますよね。そんな感覚です。それくらいドスッと来ました。パンを見ずにその子の顔ばかり見ていました。おすすめのパンとかも聞いちゃったりもしました。

　その子が帰り際に放った言葉が、さらに僕の心臓の音を大きくさせました。

「インスタグラム見てます」

なんと僕のＳＮＳをフォローしてくれていたのです。店の外に出かけた足をもう一回店に戻して、おすすめのパン全部買っちゃいました。嫌いなトマトが載っているパンもです。あの子のおすすめだと思って目を瞑って食べました。トマト嫌いを克服したみたいです。

ありがとう、あの子。

そうなんです、名前もまだ知らないんです。

その後も何度かそのパン屋さんに行ったのですがあの子のシフトと被らず、会うことはできませんでした。

そんな時、ある番組で恋の話、いわゆる恋バナをすることになったのです。

その番組は有名なゴールデン番組だったので、きっとあの子も見てると思い、その子の話をすることにしました。

番組本番、本当にその子の話をしました。パン屋の店員さんに一目惚れしたと。テレビの向こうで見てるであろうその子に、番組内でメッセージをぶつけました。

パン屋さんの子、見てますか。もし見てるのだったらインスタグラムにダイレクトメッセージをください、と。

ゴールデン番組をとんでもない使い方しちゃいました。

その番組のオンエア後インスタグラムをチェックすると

各地のパン屋さんで働いている子からダイレクトメッセージがきてました。何個か匿名で紹介します。

「北海道のパン屋で働いてます！　私のことですかね??」

　すみません違います。

「元々滋賀県のベーカリーで働いてました。もし私のことだったら一度お食事に行きませんか！」

　行きません。

「中学3年生の女子です！　LJCです！　高校生になったらパン屋さんでバイトしようと思ってたので、それまで待ってくれませんか!!」

　待ちません。そんでLJCてなに（ラスト女子中学生略してLJCらしいです。やかましいですよね）。

　そんなメッセージをたくさんいただき、僕の意中の子からはきてませんでした。

　結果僕はそのパン屋さんになんだか行きづらくなり、それ以降行っておりません。

　短かったですが楽しいパン屋さん習慣でした。

　パン屋さんの子、この本を読んでたらダイレクトメッセージください。

サマー後藤

こんにちは。後藤です。

　一応言っておくと名前は拓実です。毎月毎月苗字である後藤がタイトルに入っているので名前の拓実はいつもジェラシーを感じているみたいです。いつか拓実の方もタイトル飾れたらいいねって思います。

　さぁ本日はサマー後藤ということですが、皆さんはどうですか、夏感じましたか？

　コロナ禍ということでなかなか難しいですよね。あのファーストサマーウイカさんでさえも感じれてないんではないかと不安になります。

　僕はですね、夏は恋の季節だと思うんです。

　これ真顔で書いてます。恋をしない夏は、暖をとらない冬みたいなもんです。花火があがらない夏は、暖をとらない冬みたいなもんです。

　一番夏を感じたのはたしか二年前の夏です。その時恋をしていた女の子と板橋の花火大会に行きました。

　夢のようでした。初めて女の子と行く花火大会。理想中の理想である女の子と行く花火大会。しかも好きな女の子と。

　その日に告白しようと思いました。

　打ち上げ花火一発一発が僕の背中を押すんです。

　さぁいけと。なにしてるんだと。

　それが大縄跳びに入るタイミングくらい難しいんです。

　呼吸を整えて。

　次打ち上がったら言おう。そう決めました。

　打ち上がりました。

　同時に僕の口が発した言葉は、「ずっと特別な二人でいよう」そう言いたかったのですが、それはただの理想で実際に発した言葉は、「レモンサワー買いに行く？」でした。

　クソダサでした。お酒の力に任せようとして結局自分の言葉では伝えない。

　完全に失敗しました。しかもその時に打ち上がった花火は逆さまのハートでした。

　ああ僕の夏は終わった。

　暖をとらない冬だ。そんなふうに思いました。

　結局その日はなにも言えずにお互い家に帰りました。

　家に帰ってから電話をしました。

　電話で告白をしました。

　そこから僕はその子と付き合うことになりました。

　ロマンチックなスタートではなかったものの、僕は好きな女の子を彼女にすることができたのです。

　みなさんこれが夏です。

　そんな夏とは裏腹に、今年の夏はというとその女の子にもフラれて、恋に関しては全然前を向けませんでした。大好きな岩手の海にも行けないですし、今年の夏はどうしようかと考えていた時に家から出てきたのが「サマーヌード」という夏の海の家が舞台のドラマのDVDでした。

　見出したら止まりませんでした。

　気づいたんですけど、他人の恋でも全然夏を感じれます。その恋に自分が絡んでいなくても、ドラマの引き込むチカラもあるのかもしれないのですが十分夏を感じることができました。

　しかし夏を感じる事はできるのですが、恋のしたさが倍増します。僕まさにいまその状況です。

　忘れられないあの子に告白しよう。そうおもい、八月中なんらかのアクションは仕掛けたんです。少し遊びに行こうよと誘ってお買い物に行ったりしました。お家でご飯を食べたりもしました。

　しかし、距離がそれ以上縮まる事はなく、お友達で終わった模様です。

　僕の恋の終わり、それは僕の夏の終わり、カレンダーを見てみました。八月も終わっていました。

　はぁなんて切ない。いつも頭の中にあの子がフラフラしています。いつになったらいなくなってくれるのやら。

　夏はこんな変なことばっかり考えてしまってました。

　僕は夏が終わったので切り替えます。

　僕の夏は終わりましたが、みなさんは恋をしている限り夏です。夏を終わらせないように頑張ってください。始まってない人は始まるように頑張ってください。僕は暖をとらない冬に突入します。

　早く始まれ、僕の次の夏。

　そして自由に動き回れるみんなの夏。

× 武田綾乃さん（作家）

人生初エッセイを、プロの作家が読んでみたら——？ 同世代で活躍する小説家との、創作論から周りの世界との接し方にまでわたるドキドキ対談！

構成：瀧井朝世
写真：森清　場所：講談社

先生、僕って文才ありますかね？
〜作家後藤への道〜

正直読んで、どうでした？

 後藤 武田さん

 初エッセイ集の刊行、おめでとうございます。

ありがたいです。

 前にインタビューで、私が「四千頭身の後藤さんが面白くて、疲れた時に動画を見ています」と話したことがあったんです。そうしたらこの対談のお話をいただいて驚きました。私でいいのかな、って。

もちろんです。感謝が止まらないですよ。吉川英治文学<ruby>新人賞<rt>よしかわえいじ</rt></ruby>を受賞されて、いま乗りに乗っていると聞きました。デビューしたのは学生時代なんですか。

 日本ラブストーリー大賞に応募したのが19歳で、そのままデビューが決まったんです。

えー。漫画の『<ruby>響<rt>ひびき</rt></ruby>〜小説家になる方法』（柳本光晴作）じゃないですか。

 いやいや、直木賞と芥川賞同時受賞するほどすごくないですよ（笑）。後藤さんも10代の頃から活動されていて。

いや、僕らなんか全然ですよ。小説家って一人で作っているんですよね。すごいですね。

ものを作るという点では、芸人さんがネタを作るのと一緒な気がしますね。

受賞作の『愛されなくても別に』を読ませていただいたんです。面白かったです。

本当ですか？　ありがとうございます。結構ヘビーな話じゃなかったですか？

面白いけれどヘビーでした。だから、書いた人もちょっと闇を抱えているのかな、って……。

あはは。普段はもっと明るい本も書いているんです。『響け！　ユーフォニアム』っていう吹奏楽部の青春小説とか。

ああ、少し安心しました。小説は家で書くんですか？

そうです。普段から家から出ずに、ゲームばかりしてますし。

なんのゲームが好きなんですか？

「スプラトゥーン」っていう。

え、あんな小説を書く人がイカのゲームしてるんですか？　じゃあ、意外とこっち側の人間……？

そうです（笑）。後藤さんはエッセイの連載の依頼がきた時、どう思ったんですか。

最初は講談社<ruby>講談社<rt>こうだんしゃ</rt></ruby>なんて、どんな硬い人たちだろうと思ったんです。湾岸<ruby>湾岸<rt>わんがん</rt></ruby>スタジオに編集者の人たちが来て、「書きませんか」って。その時にヒートテックか何かの話をしたら「そういうのでいいっす」って言われて、だいぶ楽になりました。パン買ってきてくれるし、全然いい人たちでした。

パンの差し入れが（笑）。エッセイ、めちゃくちゃ面白かったです。私のイメージでは、小説は漫才、漫画はコント、エッセイはラジオに近くて、それぞれ良さがあるんですよね。このエッセイ集は読んでいると後藤さんの

声で再生されるし、ちゃんと間があるんですよ。その間がすごく良くて。それに、エッセイはもろにご本人の感性やものの見方、パーソナルな部分が出ますが、こんな面白いこと考えているなんてすごいなって思って。

褒めてもらえて、気持ちいいな。

叙述トリック、使ってます。

最初、巻頭ではなくてぱっと開いたところを読んだんですね。それが「お酒後藤」だったんです。震えました。だってこれ、叙述トリックをやっていますよね。ミステリのテクニックを使っている。

えー？　やってました僕？

そう。テクニックだけじゃなくて、内容もすごく面白くて。「草野球後藤」の回は哀愁があって純文学っぽいし、「三茶後藤」は、私だったらこんな発想できない。私、小説を書く時、感動で泣いちゃうとか、恐怖で驚くという展開を作るのはなんとかなるんですけど、読者の方を笑わせるのは本当に難しいなって感じるんです。でも芸人さんは、どんどん笑わせるネタを書き下ろしているじゃないですか。すごいですよね。

作家さんにそんなふうに言われる日がくるとは。お笑いとか好きじゃない人たちなんだと思ってましたよ。

いえ、作家もお笑いが好きな人は多いと思いますよ。

作家さんって頭がいいじゃないですか。僕は高卒なもので……。

いや、後藤さんはどう考えても頭いいですよ。

勉強できなくて、クイズ番組とかに出ると、引かれちゃうんです。

クイズ番組のクイズは私だってできないですよ。勉強は好きだったけど、暗記は大嫌いだったし。

勉強は好きだったんですか。

数学とか、パズルゲームみたいなものは解けるのが楽しくて好きでした。憶える勉強は嫌いでしたね。

全然勉強してこなかった作家もいるんですか？

いますよ。勉強は関係ないですから。

えっ。

職業としては、作家も芸人さんに近いですよ。夢追い人というか。作家の仕事だけで食べていけるようになるまでは会社にも勤めて兼業の人が圧倒的に多いですし。

作家一本になるには時間がかかるんですか。

今のご時世ではそうですね。

武田さんは作家一本ですか。

一本ですけれど、私は全然大したことないので。

本を書くのは楽しいですか？

楽しくない時もありますけれど、他のことをやるよりは

全然楽しいです。

うわー、いいことだな。

ものを作るのが好きなので、小説以外でも、漫画の原作などもやってます。飽き性なのでつい色々とやっちゃいますね。

実家は東京ですか？

京都です。大学卒業のタイミングで上京しました。

京都にいたら作家の仕事ってできなかったんですか。

できますよ。ただ、やっぱり東京のほうが取材が受けやすかったり、打ち合わせがしやすかったりするので。東京に来てよかったです。

こうして後藤とも対談して。

本当に（笑）。東京に来てなかったら、ありえなかったですよね。

その選択は間違ってなかったですね。それがあったから、僕も『愛されなくても別に』に出合えたわけですよね。

いいご縁です。普段、原稿はスマホで書いていますか、それともパソコンですか。

飛行機に乗っている時とかだとiPhoneですね。でもパソコンのほうが集中できます。iPhoneだとパワプロくんとかに誘惑されるし、LINEとかもくるし。

ああ、それは「あるある」ですね。

パソコンには余分なアプリケーション入れてないんですよ。で、ノートパソコンをまな板の上に載せて書いています。

まな板の上？

家にちょうどいいテーブルがないんです。キッチンで書くにしても高さがちょっと足りないので、まな板の上にパソコンを載せて打っているんです。

ええっ。独特な執筆スタイルですね。

武田さんはパソコンですか？

はい。仕事用のデスクに画面を二台置いて、デュアルディスプレイで。片方でYouTubeで四千頭身さんの動画とかを流しながら、片方でプロットを書いたり原稿のチ

ェックをしたりします。

それで書けるんですか？

動画が面白いとそっちに集中しちゃうので、もう内容が分かっているものを何回も流すんです。漫画家さんもそういうスタイルの人が結構いますよ。

YouTubeはやっていますか？

見るのが好きなだけで、自分ではやっていないです。でもこれからもYouTuberの小説を書きたいので、動画編集の勉強をしてます。

ゲーム以外は何をするんですか？　外に出ないんですか？

美術館とか博物館は行きますけれど、スポーツとかはあんまり。引きこもりなので、なかなか外に出ないです。

ご飯食べてます？

食べてます。出かける日数を減らしたいので、自分で作ってます。出かけないと歩く体力がなくなるので、「リングフィット アドベンチャー」とかもしてます。

> あれやってるんですか！ 意外。

日常からのヒント

後藤さんはエッセイで三軒茶屋での暮らしもかなり具体的に描かれていますよね。住んでいる場所を特定されたりして危険じゃないですか？

> ラジオで三軒茶屋のタワーマンションに越したって話をしたんです。そしたらリスナーからメールがきたんですよ。「後藤さん、大変です。三軒茶屋にはタワマンがひとつしかないです」って。それでバレちゃって。もういいかなと思って。

開き直っちゃったんですね。

> はい。セキュリティーもしっかりしているし、同居中の後輩芸人もいるし、大丈夫っしょ、って。

じゃあ安心ですね。三軒茶屋、いい街ですね。

> いい街です。今は外に出られないからなんの意味もないですけれど。まあ、家にいる時間もいいですよね。

お仕事で毎日出かけるから、あまり家にいる時間がなくないですか？

ありますよ。「たしなみ後藤」しています。たしなませていただいてます。

早起きの生活は続いているんですか。

もう完全に終わりました。遅くまで起きています。

夜のほうが静かで集中できますよね。

深夜番組も面白いし。

普段、意識してインプットのためにしていることってありますか。

いや、お仕事がちらついたら僕は駄目なんです。芸人さんで、仕事に繋がるからってサウナ行く奴とかいるじゃないですか。なにそれっていう。今さらサウナなんて仕事に繋がらないじゃないですか。

確かに、飽和してる印象がありますね。

たまたまやっていることが仕事に繋がればいいだけですから。だから、インプットって分かんないですね。やっ

てないんじゃないですかね。

いやいや、それであんな面白いこと、思いつけないですよ。

頭が暇なんじゃないですか？ でも、ネタを書こうとして机に向かっていても、全然出てこなかったりします。

その時はどうするんですか。

本当に出ない時はジムに行きます。最近は全然行けてないですけれど、ジムで、音楽も聴かずに走ってますね。

そうしたら浮かんでくるんですか。

浮かんでくる時もありますし、全然浮かばない時もありますし。

漫画は読んだりしますか？

 『東京卍リベンジャーズ』とか。あれは読んだほうがいいですよ。新しいヤンキー漫画で、アニメもやってますよ。

 ぜひ読んでみますね。私、ヤンキーものは「喧嘩番長」のようなゲームばかりやっていて、漫画は通らずにきちゃったので。

 僕は、次に武田さんの何の本を読もうかなと思っていて。

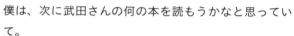 高校生がYouTuberになってゲーム実況をする『どうぞ愛をお叫びください』っていう明るい話もありますよ。

 それ、今すぐ買います。『愛されなくても別に』は都築と石橋に貸したいなと思っています。あれは最後、畳みかけるようで、鳥肌が立ちました。

 ありがたいです。読書ってお堅いイメージがあるかもしれないけれど、娯楽のひとつと思って楽しんでもらえたら。

 たしかに娯楽ですね。

売れている、は面白い！

後藤さんは、自分がどういう小説が好きか、まだ分かっていない状態ですよね。だとしたらこれから無限に面白い本が読めますね。

そうですね。一回、入院中に暇だったから本を読んだことがあって。『十二人の死にたい子どもたち』でした。

ああ、冲方丁先生の。子どもたちが集団自殺しようとする話ですよね。

入院中にそんなの読んでるから心配されました。読書はあの本以来ぶりだったんです。

私、又吉直樹さんの『火花』がすごく好きなんです。芸人さんの話だから後藤さんも共感できるところがあるんじゃないかな。純文学なので、エンタメとはまたちょっと違う方向ですけれど。

最近『火花』読んだって言ったら「今頃かよ」ってなって面白いですよね。僕、この間、映画の『君の名は。』を観ました。

今頃ですか（笑）。どうでした？

よかったです。

 『鬼滅の刃』を観るのは数年後になったりして。

それはもう観てます。

 そちらは早かったんですか。面白かったですよね。

つまらないと思うものって、あります？

 売れているものは基本面白いです、やっぱり。

そうですよね。僕が「鬼滅が面白かった」というと「えー、意外だね」みたいに言われることがあるんです。

ああ。でも、やっぱりメジャーな作品は面白いですよね。私、映画監督とか小説家の作品でどれが面白かったかという話になった時、代表作みたいなものを挙げたいんですよ。でもそれ言うと「こいつ、あまり知らないな」と思われるかな、もっとニッチなものを言ったほうがいいのかな、とか自意識が激しくなる時があるんです。でも、やっぱり、代表作って面白いんですよ。

そうですよ。売れているものでも、本当に好きなものを好きだって言うのは、恥ずかしいことじゃないですよね。

作家さんの中には、売れているものを見て自分の感性を調整するっていう人もいますね。みんなが「面白い」というものに自分の「面白い」を合わせていく。

へえー。勉強になります。

自分が面白いと思うものが、他人の「面白い」と一致していないとしんどいですから。……なんて、新人なのに偉そうに言ってしまった。

新人なんですか？

私はデビューして今9年目くらいですが、作家って年上の方が多いので。お笑いの方もそうですよね。第7世代

でも年齢層の幅が広い。

第7世代とは話が合わないですからね。みんな年上すぎて。

後藤さんは特にお若いですからね。私が高校生の頃に『爆笑レッドカーペット』とか『エンタの神様』が放送されていて、そこから10年くらいずっと同じ方々が活躍していると思っていたら、後藤さんたちが出てきて急に入れ替わった印象です。一時期少なくなっていたお笑い番組もすごく増えて、周期ってあるんだなと思いました。

僕、それに貢献していると思いますか？

めちゃくちゃ貢献されています。すごく忙しくされてるじゃないですか。

いえいえ、小説家さんに比べたら。

小説家は忙しいのかな……。でも、今は自分から発信するプラットフォームが増えたので、本に限らずみなさんいろいろやりたいことをやっている気はしますね。

たしかに芸人も、今はテレビだけじゃないですもんね。時代は変わってますよ。僕はテレビにこだわりもないで

す。本当は田舎暮らしがしたかったので。

スローライフ？

スローライフで生きたかった。

へえ。今とは真逆なところですね。

今、周りの景色が光り輝いているんですよ。でも本当は岩手県に住みたくて。だから、いつ問題起こして辞めても大丈夫です。

そんな、ファンが悲しみますよ（笑）。映画の『WOOD JOB！（ウッジョブ！）』がお好きなのは、田舎で林業をやる話だからなんですか。

そうです。高校を卒業したら林業をやりたいなと思っていたんです。

あの映画のまんまじゃないですか。

原作本も読みました。三浦しをんさんの『神去（かむさり）なあなあ日常』。主人公が最初、表ではちゃらちゃら歩いて、帰るとおどおどしているのも面白いんですよ。

映画で主人公を演じた染谷将太（そめたにしょうた）さんの目力、すごかったですよね。映画自体、ワンシーンワンシーンの絵が凝っているし。

マキタスポーツさんの芝居もいいんです。あの人、いい芝居をする。

映画、お好きなんですね。

映画は観ますね。『君の名は。』も観ましたしね。

この間ですよね（笑）。アレは『天気の子』の前だから、公開はかなり前ですよね。

『天気の子』は劇場で見たんですよ。しかも公開日に。映画は観ますか？

好きですよ。ただ、自分の締切が大変な時は、他の人の創作物を受け付けなくなるんです。特に面白いエンタメを見ると「こんなに面白いものがあるのに、私は何をし

「ているんだ」って、へこんでしまう。

めっちゃ分かります。僕もM－1とか見ないですもん。霜降り明星の回から。

周りのことを気にしますか？

後藤さんも他の人の面白いものを見るとへこんだりするんですか。

食らっちゃいます。で、世界観とか構成とか、寄っちゃうんですよ。

ああ、影響されちゃいますよね。

M－1のマヂカルラブリー、面白かったですか？

面白かったですよ。でも私、生放送が苦手で。人が噛んだり失敗すると「うわーっ」ってなるので、M－1は結果を知ってから録画で見るんです。

変わってますね。

ドキドキしたくなくて、「この人が優勝するんだ」って

思いながら落ち着いた気持ちで見たいんです。

それは分かります。

M-1ってスポーツの試合みたいなところがあるじゃないですか。時間制限があって、点数をつけられて。あんな仕事してたら大変だなって思います。

本気の人たちが命賭けてますよね。自分が出るのが申し訳ないくらいですよ。

それに、今はみんながSNSで批評家みたいになっているし。

本当、そうですよ。

批評することそのものが娯楽になっている時代ですよね。作品を世に出す以上、批評されることは当然だと思っているんですが、それでもたまにキツイ時はあります。こっちはずっとサンドバッグになっているわけだから。

はい。食らってます。

批評を全て聞いたら良くなるというわけでもないので、難しいですよね。

SNSはやっているんですか？　自分の本の感想とか、見ます？

ツイッターはやっているので、リプライやファンレターは読みます。でも、たとえば1割の人が「ここが嫌だった」と言っていても、何も言わない9割は好意的にとらえていることってありますよね。その時、1割の人を意識して直すと、9割の人の評価が落ちて結局駄作になっちゃう。だからあんまり気にしないほうがいいんだろうなって思いますね。

なるほど。僕もツイッターは見ないようにしているんですよ。気になっちゃうから。でも見なくなったらプロ野球の速報が分からなくなっちゃって。

後藤さんはYouTubeの動画では、結構質問に返信してますよね。

まあYouTubeのコメント欄は比較的優しいんで。「何秒のところが可愛い」とか書いてくれていて。

それは優しい。実は私、高校生の頃は芸人さんのネタの時に「キャー、可愛い」とか言っているファンを「うるさいな」って思っていたんです。でも大人になって思うのは、あれくらい好きなものを「好き」ってド直球に表現できるのって、中学生とか高校生の間ですよね。SN

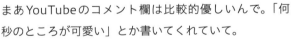

Sもそうですけど、大人になるともっと丁寧で冷静さのあるコメントになる。そう気づいた時に、中高生くらいの年代の子の剝き出しの好意ってすごい熱量だなと思って。

真っ直ぐでいいですよね。

そういう人たちもこのエッセイをすごく喜ぶと思うし、これはファン以外の人も読むと思いますよ。今後もいろいろ書いていくんですか。

…………。(無言で首を横に振る)

えーっ。面白いのに。

やっぱり「小説現代」に自分の名前があると緊張するんですよ。びびっちゃう。

もっと読みたいですよ。

本当ですか?　そういう声があるならば……。

エッセイって疲れに効きますよね。すごく疲れている時に、こういうのが読みたくなるんです。

じゃあ、エッセイストを目指そうかな。『有吉の壁』と

のバランスを見ながら。

だいぶ大きなバランスですよ（笑）。楽しみにしていますね。

武田綾乃（たけだ・あやの）

1992年京都府生まれ。2013年、日本ラブストーリー大賞最終候補作に選ばれた『今日、きみと息をする。』で作家デビュー。同年刊行した『響け！ ユーフォニアム』はテレビアニメ化等され人気を博し、続編多数。その他の作品に『石黒くんに春は来ない』『青い春を数えて』『その日、朱音は空を飛んだ』、『君と漕ぐ』シリーズ、『どうぞ愛をお叫びください』などがある。20年に刊行した『愛されなくても別に』で第42回吉川英治文学新人賞を受賞した。

あとがき

『これこそが後藤』、楽しんでいただけましたでしょうか。
　低すぎるハードルは越えれてるんじゃないかと思います。

　いろいろな後藤を読んでいただきましたが、最近の後藤はついにラップのリリックを書きました。
　リリックというのは歌詞の事です。陰キャラと呼ばれる普段陽の当たらない地味メンツたちの背中を押せたらな、と思う曲となりました。
　すみません最後の最後に宣伝を入れたみたいになってしまいまして。この曲を宣伝するためにこの本を書いたわけではないので、焦ったりした方はすみません。
　歌詞書いて曲書いてしてて本業サボってない？？　大丈夫？　と不安になった方々、大丈夫です。僕は芸人ですので最後の最後、この本を閉じる直前は腹から笑わせたりますよ。
　腕まくってますよ。覚悟して待っていてくださいよ。
　いきますよ。

　貴重な時間を僕の本を読む時間にあてていただき本当に、ありがとうごりまぴた！！

　がっかりしながら本をお閉じください。

後藤拓実（ごとう・たくみ）

1997年岩手県大船渡市生まれ。埼玉県朝霞市で育つ。ワタナベコメディスクール22期生として出会った都築拓紀、石橋遼大とお笑いトリオ「四千頭身」を結成し、2016年にデビュー。同年12月放送のフジテレビ系列『新しい波24』でテレビ初出演を果たし、注目を集める。現在、日本テレビ系列『有吉の壁』、FM FUJI『四千ミルク』にレギュラー出演中。また、YouTubeに四千頭身公式チャンネル『YonTube』を開設し、動画を配信している。

本書は「小説現代」に連載された同名タイトルのものと「現代ビジネス」で寄稿されたものに加筆修正し、書き下ろしと対談を加えたものです。

これこそが後藤

2021年9月6日　　第1刷発行
2021年9月29日　　第3刷発行

著　者	後藤拓実
発行者	鈴木章一
発行所	株式会社講談社
	〒112-8001　東京都文京区音羽2丁目12-21
	電話　編集 03-5395-3505
	販売 03-5395-5817
	業務 03-5395-3615
本文データ制作	講談社デジタル製作
印刷所	豊国印刷株式会社
製本所	株式会社国宝社